法务之术

常见业务和相关技能提升指南

杭东霞 著

知识产权出版社
全国百佳图书出版单位
—北京—

图书在版编目（CIP）数据

法务之术：常见业务和相关技能提升指南 / 杭东霞著 . —北京：知识产权出版社，2022.5
ISBN 978-7-5130-8117-7

Ⅰ. ①法… Ⅱ. ①杭… Ⅲ. ①法律—研究—中国 Ⅳ. ① D920.4

中国版本图书馆 CIP 数据核字（2022）第 062809 号

责任编辑：雷春丽		责任校对：王　岩	
封面设计：乾达文化		责任印制：刘译文	

法务之术：常见业务和相关技能提升指南

杭东霞　著

出版发行：知识产权出版社 有限责任公司	网　　址：http://www.ipph.cn
社　　址：北京市海淀区气象路50号院	邮　　编：100081
责编电话：010-82000860转8004	责编邮箱：leichunli@cnipr.com
发行电话：010-82000860转8101/8102	发行传真：010-82000893/82005070/82000270
印　　刷：天津嘉恒印务有限公司	经　　销：新华书店、各大网上书店及相关专业书店
开　　本：880mm×1230mm　1/32	印　　张：8
版　　次：2022年5月第1版	印　　次：2022年5月第1次印刷
字　　数：192千字	定　　价：58.00元
ISBN 978-7-5130-8117-7	

出版权专有　侵权必究
如有印装质量问题，本社负责调换。

序一
一本指引法务工作的好书

常金光*

有一回，我的一位老家做工程的朋友忽然打来电话，说他儿子大学法律专业毕业后，入职了天津一家公司做法务。当前在试用期压力很大，甚至担心不能转正。我刚想安慰几句，他说能否让他儿子来北京找我，向我请教法务工作经验。

电话里他言辞恳切，我猜他大概觉得我整日天南地北东奔西跑，今天跟公司法总交流合同，明天在律师协会给律师培训，大约算得上"见多识广"。然而，我很惭愧，我的主要工作经验是律师，从未做过公司法务。如果讲起草审查合同，我大概能一口气讲上两天一夜。如果谈法务的职业环境、经验与方法，我并没有切身体

---

* 常金光，十多年律师经验，法天使－中国合同库创始人，长期学习研究合同，《合同起草审查指南：三观四步法》《合同起草审查指南：公司卷》作者之一，曾策划出版《创业，你需要的合同》《中国合同库》系列书籍。

验。我在电话里说,过来我请他吃饭没问题,法务经验我恐怕是帮不上大忙。

这件事其实已经过去大半年。看到杭东霞老师不久前出版的《法务之道——职业定位、核心技能与职业环境》和即将出版的这本《法务之术——常见业务和相关技能提升指南》,当初那份歉意又忽然跳回我眼前。忍不住想,当初要是有这两本书就好了,完全能解决他的疑惑。《法务之道——职业定位、核心技能与职业环境》像是无人机飞在高空,以宏观视角俯瞰法务职业方方面面;这本《法务之术——常见业务和相关技能提升指南》则像相机微距拍摄,以微观视角提供具体指引。两本书先后呼应,两相关照,恰到好处。

这本《法务之术——常见业务和相关技能提升指南》,我认为特点有三:一是富有洞见,总是指出关键问题;二是提供指引和工具,绝非泛泛而谈;三是有叙述感,仿佛作者就在眼前。例子俯拾皆是,比如作者指出年轻法务动辄对合同提出一大堆意见,而资深法务却常常寥寥几条结束战斗;有些法务一参加谈判就会全场肃静、气氛降到冰点,但另外一些法务却能在谈笑风生间敲定合同。为讲明合同审查操作,作者不惜直接给出带批注痕迹的合同全文;提及对诉讼、仲裁的处理,则给出"案情时间表""案件审理时间表""法律关系图"等实用工具。

读完书稿我对杭东霞老师十分钦佩,这让我想到初学法律时思考过的一个问题,假如这辈子要给世界一个作品,不同法律人的作品是什么?法官给出的作品可能是一份彰显正义的判决书,律师给出的作品可能是一个推进法治进程的案件。法务给出的作品是什么呢?可能是支持、成就公司的发展,还可能是一套"有道有术"凝结金子般经验的实务好书。杭东霞老师用二十余年职业经验交出了她的作品。我很期待未来她的更多可能,也已经准备好本书出版后第一时间购买,然后与手边那本《法务之道——职业定位、核心技能与职业环境》合在一起,快递给我那位朋友的孩子。

序二

周　祺[*]

如果说要用一个词来概括这本书，我会说："接地气。"

在这本书中，有这么一句话："用最简单明了的语言将需要提示的问题讲清楚、讲明白、讲透彻是每一个法务的必修课。"这本书很好地诠释了这个理念。它不是高头讲章，也没什么突破性的理论创新，但读起来你会觉得真诚满满，特别"接地气"，感觉就像一个老师傅在手把手教你怎么做。

这本书分合同审核，诉讼、仲裁，知识产权，公司治理，股权投资等五章，用平实的语言讲清楚法务在工作中可能遇到的业务的

---

* 周祺，博士，先后毕业于浙江大学、德国慕尼黑大学、华东政法大学。现任上海汽车集团股份有限公司合作和法律事务部总经理，带领团队全面负责集团各类对外合作和法律事务，参与制定集团合作战略并组织实施各类重大并购重组项目。同时，担任上海市外商投资企业协会汽车分会副会长、上海国际经济贸易仲裁委员会仲裁员、上海市企业法律顾问协会副会长、上海市商标品牌协会副会长、上海市律师协会公司律师委员会委员等社会职务。

方方面面，既有法律层面的规矩，也有业务层面的准则。例如，合同审核章，先讲怎样制作示范合同，都是实操性的建议；再很贴心地告诉你怎样在公司内部推广示范合同，要由易到难，逐渐达成共识等，一看就是长期"斗争"经验的总结。又如，这本书举了很多生动的具体情境案例，读者不妨在读完案例后，稍想一下，如果在那样的情形下，你会怎么做？带着问题再来看看书中的做法。解法未必是纯粹的法律手段，而是以法律底气作支撑，想办法把事做成。

书如其人。杭师姐是个接地气的长期从事法务工作的管理者。有的时候，我不得不暗自感叹，这世界上就会有问不倒的人。你去问她法律问题也好、财务问题也罢，甚至团队管理、公司运营，她都有问必有答，并且三言两语直接上干货，绝不兜圈子。举个例子，在书中，知识产权章里，她会告诉你专利评估的三种方法，要是一般公司法务，这事儿就让财务来决定了，但书里还会进一步告诉你按照销售额计算，要剔除内部交易，退换货也不能算销售额这种非常实用的点子。

这种风格和她的经历相关。她有国有企业工作的经历，但主要的职业生涯是在民营企业。在均瑶集团总部担任法律合规部总经理之时，什么活都干，用她自己的话说是一种"弹钢琴"的工作方式。加之均瑶集团的业务类型非常广泛，也就使她成为不同业务领域的"多面手"。因为她什么都干过，所以有底气直截了当，同时常年齐头并进很多事务，可没时间精力绕弯子。

因为经历丰富，杭师姐逐渐练就了从全局和一定高度看问题的能力，现已成为一家民营银行的高管。的确，法务和业务绝不是"两层皮"，法务理应作为下场踢球的球员，而不是裁判。当然，法务和业务分工有所不同，法务更多的是一个中后卫的角色，守好底线、发起助攻。也正因为作为一个好的中后卫，必须有全局视野，看问题就更深、更准。

这本书一定会让刚入职场的法务获益匪浅，也会让那些经验丰富的法务倍感亲切。它总结了我们似乎一直在用，却说不清、道不明的技巧，也经常会发现一些未曾尝试的新方法，非常适合直接使用。

除了本书，我还要郑重推荐杭师姐的另一本书——《法务之道：职业定位、核心技能与职业环境》，如果说这本书教你的是"技法"，那《法务之道：职业定位、核心技能与职业环境》教给你的就是"心法"。读完《法务之道：职业定位、核心技能与职业环境》，相信每一位法务都会增加一份回答人生三问——"我是谁、我从哪里来、我要到哪里去"的底气。

是为序。

2021年12月9日

目　录

第一章　合同审核

一、合同基础工作　/ 002

（一）用公司业务类别分类合同更实用　/ 002

（二）合同示范文本是高效减量的重要方法　/ 006

（三）公司合同百宝箱——示范合同库　/ 013

二、合同审核要点　/ 023

（一）合同审核首先要判断合同效力　/ 024

（二）合同审核意见要分层级、够简练　/ 028

（三）合同表述要体现商业诉求　/ 039

（四）合同审核的主要目的是作出法律风险预估，
　　　而法律风险预估的重要依据是司法案例　/ 039

三、合同沟通技巧　/ 046

（一）合同审核前的调查　/ 046

（二）合同审核意见被采纳需要更多的耐心和必要的

　　 妥协　/ 051

四、涉外合同审核的特殊性　/ 053

（一）涉外合同的背景调查　/ 054

（二）涉外合同的工作惯例　/ 056

（三）涉外合同审核要擅于发问　/ 058

五、合同动态管理　/ 063

（一）严格按约履行　/ 064

（二）合同变更的应对　/ 066

第二章　诉讼、仲裁

一、解决纠纷是法务的必备技能　/ 069

（一）法务常见的诉讼类型　/ 069

（二）法务应主导案件　/ 072

二、梳理思路的好工具　/ 074

（一）案件时间表　/ 074

（二）法律关系图　/ 082

（三）图表工具拓展　/087

三、制胜法宝　/089
（一）翔实的证据　/089
（二）精准的法律定性　/100
（三）过硬的心理素质　/104
（四）保持热情和耐心　/107

四、结案不结束　/108
（一）揭示公司法律风险　/108
（二）补足公司制度漏洞　/113

第三章　知识产权

一、商标工作的战略思维和实务　/119
（一）商标管理体系的建立　/119
（二）符合公司经营战略的商标规划　/121
（三）商标申请、管理和维权工作解析　/122
（四）商标维权之"打假"　/126
（五）商标的境外保护　/137
（六）商标许可授权和商业架构设计　/143

二、专利的"花式"使用 / 149

（一）专利的"质"比"量"更重要 / 149

（二）专利"花式"使用之专利出资 / 153

（三）专利"花式"使用之专利许可 / 158

第四章 公司治理

一、股权 / 167

（一）股权两要素：股东和股比 / 167

（二）股权的热点问题 / 176

（三）股权分散对公司的影响 / 188

二、公司的基本法——公司章程 / 190

（一）有限公司章程写作 / 191

（二）股份公司章程写作 / 201

三、公司"三会" / 206

（一）董事会和监事会人选的适格 / 206

（二）"三会"召开程序和内容的合法性和合理性 / 209

（三）公司治理纠纷 / 215

第五章 股权投资

一、商业模式的合法性 /222
（一）行业准入条件 /222
（二）国有企业并购关注点 /223
（三）被投资公司的行政许可事项 /224

二、最特殊的投资方式——破产重整 /225
（一）破产重整方式的特点 /226
（二）适格的破产重整投资人 /229
（三）破产重整投资并购的操作要点 /233

第一章　合同审核

合同审核对法务而言是很常见的工作之一，这是因为合同作为经济活动的书面反映和约定载体，是公司业务的主要表现形式，而合同签订质量的高低也部分决定了公司基本业务的风险程度。目前，无论公司规模和公司业态，对于合同的风险把控还是比较重视的，这也是既往大量合同纠纷导致公司承担损失后在公司管理方面反思的体现。对法务而言，如何在保证高质量、高效率的同时又低人力地完成合同审核工作，是需要有技巧和思路的。如果仅按照对合同逐个审查的最常规的方式去完成该项工作，那么效率和结果都不会太好，久而久之法务也会失去对工作的耐心和兴趣，所以本章节拟从合同基础工作、合同审核要点、合同沟通技巧、涉外合同审核的特殊性和合同动态管理五个方面来寻求法务审核合同的最佳路径。

一、合同基础工作

合同审核的工作量在法务部门总工作量的占比往往不会太低，同时也是占用人力较多的一项工作。一方面，其工作量取决于合同本身的数量，一家集团公司一年 1 万件合同较为常见；另一方面，不同业务部门提供的合同，其种类、内容和审核关键点都是不同的，需要法务从不同角度来审核，合同的类型、内容和性质也很大程度上决定了工作量的大小。例如，一份出资协议就可能因为出资各方在股权比例、出资义务等条款方面反复协商而带来多次协议修改工作。想要提高合同审核效率还得先对所有合同进行分类，并辅以标准合同和合同签订指南、合同库，来有效地提高工作效率。

（一）用公司业务类别分类合同更实用

1. 按业务分类的优势

合同法上的合同分类，是一种法理上的分类，但在法务工作中建议按照公司业务类别来进行分类，其优势十分明显：首先，可以归总公司主要的业务模块，以及其对应的合同类别，清晰了解所在公司的合同性质总体情况；其次，可以对不同合同的重要性、出现频次做清晰的展示，以方便合同审阅人员快速抓住重点；最后，可以直观地找到合同提交部门、责任部门和履行部门。表 1-1 是笔者模拟的制造业公司的合同分类情况，供读者参考。

表 1-1　制造业公司的合同分类情况

合同类别	合同子类别	责任部门
主材采购合同/订单	甲材料采购合同	计划部门、采购部门
	乙材料采购合同	
	其他主材采购合同	
辅材采购合同/订单	丙材料定作合同	计划部门、设计部门、采购部门
	丁材料定作合同	
	其他材料采购合同	计划部门、采购部门
设备采购合同/订单	设备买卖合同	制造部门、采购部门
	设备定作合同	
	易耗件买卖合同/定作合同	
	其他配件买卖合同	
不动产采购合同/订单	土地使用权转让合同	财务部门、资产部门
	房屋买卖合同	
	厂房租赁合同/普通房屋租赁合同	
销售合同/双经销合同	成品买卖合同	销售部门、财务部门
	半成品买卖合同	
	瑕疵品买卖合同	
资金合同	借款合同	财务部门
	债券/票据发行协议/募集说明书	
	信托合同	
	其他融资合同	
	担保合同/抵押质押合同/承诺书	
行政合同	劳动合同/实习协议	人事部门、行政部门
	服务合同	
	承包合同	
其他合同	旅游合同	

2. 合同分类解析

表1-1中制造业公司的业务板块可以粗略分为：采购、销售、资金、行政这四块。

（1）采购合同。采购可以分为主材采购和辅材采购两种。

①主材采购。就主材而言，该公司所需要采购的两类主要材料是两种金属，这两种金属的价格处于经常性的波动中，类似大宗商品价格变化，而这两种材料成本对于产品的成本又有着很大的影响，进而直接影响到公司利润，所以公司对于主材采购合同的签订一直十分谨慎，采取了年度合同和分批订单相结合的方式，主要是为了规避其价格大幅变动的风险。

对于法务而言，主材采购合同就与其他采购合同不同，例如，年度采购合同和分批订单之间如何衔接和设计就是需要关注的问题，如果发生退货应该如何确定价格，价格变化和合同解除的权利之间如何关联和设计，解除合同后的违约责任和损失应该如何处理等，上述问题就是这一类主材采购合同和其他采购合同审核时的不同之处。

主材采购合同中的"其他主材采购合同"是指除了上述甲乙两种主材外，将价格比较平稳的主材的采购合同归总到一个子类别中，这个子类别的主材采购合同价格浮动不会太大，但是种类较多，质量标准也各有不同，不过基本合同审核时关注点没有太大差异，所以可以放在一个子类别中。

②辅材采购。把主材采购和辅材采购分开的主要原因为辅材采购具有自己的特殊性，辅材采购其实包含了定作和购买两种模式。该公司丙丁两种辅材是用于产品上的主要辅材，其外形、强度、构造等均需要根据产品类别来定作，所以定作类的辅材单独列为子类

别，该类别合同往往按照定作合同来处理。除了上述定作的辅材外，其他标准件辅材的采购可以归总到一个子类别中，按照买卖合同来处理。

③设备采购。设备采购合同单列为一个类别是因其在公司业务中发生频次高、种类多、较复杂，定作和买卖的情况都有。设备和配件分开设定子类别更方便设定标准合同版本。设备采购合同往往伴随公司业务方向和盈利模式的改变而发生，在拟定此类合同的时候，需要关注的是其合同所希望实现的目的，不要把此类合同单纯视为一般的采购合同，尤其在调整业务方向的时候，要通过合同条款保证商业目的的实现。

④不动产采购。不动产采购与上述三项采购业务相反，属于发生频次较低的业务，但是一旦发生往往金额高、交易结构也比较复杂。在上述表格中不动产采购包含了土地使用权转让、房屋买卖、厂房租赁和普通房屋租赁事项。一般而言，土地使用权转让均需符合土地使用权流转的相关法律规定并采用相关的制式合同；而房屋买卖则要灵活多变，宜根据不同场景和交易结构来安排合同，在合同中应关注税收等事项的约定；租赁合同则更为多见，租赁标的的法律性质也更为多样，租赁合同宜根据不同情况做定制安排。

（2）其他合同类型分析。销售合同项下分设三个子类别是根据销售内容来确定的，不同产品的销售方式、产品标准和质保条款均应作出不同的设计。资金合同项下根据不同的融资方式安排了子类别，不同融资方式所反映的借款架构和担保方式均不同，反映到法律文本上形式和内容也有很大差异，其审核重点自然也不同。行政合同放在整个公司经营层面看，通常重要性程度不高，但是比较琐碎，涉及面也比较广，例如，服务合同中就会包括绿化养护、安全保卫、房屋维修等不同的类型,承包合同中会包括食堂承包、住宿承包或其他某一个业务外包等不同类型。

3. 合同分类技巧

(1)抓重点、保人手。这种分类方式可以很清晰地抓住不同业务部门所对应的合同关系,容易抓住公司业务的重点工作,分清工作主次;同时,在子类别中采取了合同法的分类方式,合同定性符合法律分类,起到了有效的法律界定的作用。法务部负责人可以根据不同合同的性质安排专门的合同审核人员来分类审核合同,一段时间后,该专项合同审核人员便能熟悉这一类或这几类合同的主要内容、商业目的、设计要点和审查方向,在此基础上不但更便于预防合同风险,也更便于设计该类型合同的示范文本。

(2)无缝对接信息化管理。建议将上述合同分类与公司的信息化系统对接,将合同分类落实到管理系统中,业务部门可以在提交合同时就选择合同类别,从而便于管理系统选择相对应的合同审阅法务专人,并设计相对应的合同审批人节点和流程。相对重要的合同审批节点和会签部门可以多一些,相对次要的合同审批流程可以相对简化,以提高效率。不同合同的履行部门也不尽相同,信息管理系统在合同履行、变更、解除、终止和归纳等系统工作中,根据不同合同类别分别设置合同履行责任人,有利于审计对应性地审查和落实完成。

(二)合同示范文本是高效减量的重要方法

上述合同分类完成后,可以根据各个合同分类的情况制定合同示范文本,这是减少工作量、提高工作效率的重要工具。为什么说是合同示范文本而不是标准合同文本呢?笔者认为在瞬息万变的市场中，没有哪个标准文本可以一劳永逸，同一类合同面对不同客户可能还需要适用不同的条款，所以示范文本可能是比较好的选择。

1. 什么是合同示范文本

合同示范文本是指在总结公司日常交易的重点和特点后，就该类合同所应该具有的主要条款做一个示范，以指导业务部门的商务谈判。这个合同示范文本不适宜要求业务部门机械套用，而应该给业务部门的谈判提供一些思路和条款选择，例如，某些重要合同可以列出几种不同的条款表述方式，业务部门人员可以根据合作对方的情况加以选择适用。

法务在公司内部推广合同示范文本的时候要"由易到难"，就是说要从使用合同示范文本较容易的场合和部门开始推荐。例如，对于采购部门和销售部门这两个部门，那肯定是采购部门更容易推广合同示范文本，因为采购部门作为采购合同中的买方一般具有优势地位，要求卖方使用买方提供的采购合同文本也更容易被接受。而销售部门要把产品卖出去，更愿意在磋商中给予买方一定让步，在合同文本的问题上更倾向于用买方提供的合同文本。即使是这样，法务部门如果把本公司花钱业务所涉及的合同都编制成示范文本，也可以提高一定的效率。

2. 合同示范文本的编制步骤和方法

合同示范文本的编制按照时间顺序可以分为下列四个步骤。

（1）与业务部门反复沟通，确定交易架构和商业模式。确定商业模式的目的是甄别不同交易架构和商业模式中的风险点，评估风险程度和可能后果。这个过程可以帮助法务全面了解业务人员在商务谈判时的出发点和心态，了解业务人员的利益诉求，了解这种交易在行业中的通行做法和商业习惯，了解该业务的关注点和盈利点。只有充分了解这些背景,才能设计出适用的合同条款,否则"空中楼阁"式的合同,美而无用。

(2)和业务人员讨论,选择风险解决方案和谈判思路。不要小看这个过程,这个过程是法务人员向业务人员揭示风险、说明理由和求得共识的过程,通过双方的深入交流和讨论,各自从法律和商务角度拿出解决问题的途径和方法,获得更有创造性的解决思路。

(3)将沟通共识转化为合同条款。一个条款可以根据不同情况设置不同内容,供业务人员在谈判时选择使用。例如,在采购的材料不符合约定质量标准的情况下,可以设置如下几种类型的救济条款:

"买方在发现卖方所提供的材料不符合本合同约定的质量标准的,买方有权按照下述约定行使相关权利:第一,有权要求卖方更换质量不符合约定的材料,卖方按照买方通知要求按时按量更换,更换费用由卖方自行承担;第二,买方有权退回质量不符合约定的材料,并由卖方承担退回费用,卖方同时应按照本合同第20条第3款承担相应违约责任;第三,当不符合质量标准的材料达到该批次订单总量的____%时,买方可以解除该批次订单,卖方应按照本合同第20条第9款约定承担相应违约责任;第四,当不符合质量标准的材料累计达到最近三个月订单总量的____%时,买方可以解除材料采购合同及未履行的所有采购订单,卖方应按照本合同第20条第11款约定承担相应的违约责任(上述条款使用说明:以上权利可以选择一项或多项使用,也可以全部选择使用)。"

上述条款可以由业务人员在与对方进行谈判时加以解释、说明并选择适用,既可以充分保护己方的权利,又可以充分兼顾不同的业务模式下的条款灵活性。

（4）在合同示范文本完成后，还要根据使用情况和业务部门的反馈进行不断地修订和更新。合同示范文本就像一件产品，肯定要根据用户的使用体验来做更加贴近用户的修改。法务在平时要积累业务部门使用合同示范文本时所提出的问题和建议，做定期的修订；也可以集中问题和建议后在半年度或者一年后做一次合同示范文本的统一更新，更新的主要依据为商务活动的变化、市场行情的波动、合同双方商业地位的变化和商业合作模式的变更。

编制合同示范文本并不是法务部门闭门造车就可以完成的，需要法务部门和业务部门深入合作方能完成。

3. 合同示范文本条款的分类撰写

合同示范文本条款的分类撰写是指根据使用目的将合同条款分为一般条款和协商条款，根据权责目的将合同条款分成权利义务条款和执行条款，来分别撰写，下文将以买卖合同为例分别论述。

（1）一般条款。一般条款是通常买卖合同都具有的基本条款：当事人信息条款、陈述与保证条款、不可抗力条款、法律适用条款、通知条款和纠纷解决条款等。这些条款基本不需要经过协商即可以确定，可以作为示范合同文本的固定条款，最多仅需要选择和填写。

（2）协商条款。协商条款顾名思义是指需要合同双方经过协商后才可以确定的条款。在买卖合同中就有合同目的条款、质量标准条款、交货时间和交货方式条款、价格条款、验收条款、运输条款、付款条款，还包括违约行为和违约责任条款、合同变更和解除条款等。对于协商条款，合同示范文本中可以提供一些谈判思路和常见约定方式，或者由法务列举不同情形下的条款，以供选择。

（3）权利义务条款。权利义务条款是指合同中为合同当事人创设权利义务的条款,这一类条款是当事人行使权利履行义务的源泉,例如,"乙方延迟交货并自本合同约定的交货日起计算达到15个自然日的,那么甲方有权解除本合同并要求乙方按照本合同第8条第3款承担违约责任",就是一个典型的权利义务条款。

(4)执行条款。任何权利都必须通过具体的执行条款来付诸实践,执行条款就像诉讼中的程序法律一样使实体法律得以实现,执行条款主要约定了权利义务如何执行的规则。例如,上述权利义务条款对应的执行条款就是:"甲方可以通过下述通知的方式来行使本合同第5条约定的合同解除权:甲方在解除合同事由发生之日起30个自然日内有权向乙方在本合同第11条中记载的纸质邮寄地址发送书面通知行使合同解除权,书面通知通过特快专递到达乙方上述地址之日,本合同既解除。"法务要特别提醒商务和业务部门人员一定要查看和理解这些执行条款的含义和程序,并判断这些条款是否具有可行性,如不具备可行性,则应该与法务再协商,重新修改执行条款直到可以操作为止。

4. 合同示范文本使用说明的撰写

使用合同示范文本的人员往往是财务人员、行政人员、商务人员,他们一般不具有法律背景,他们对条款设置的法律用意往往是不清楚的,即使有合同示范文本,他们也不一定能选择恰当的文本或条款予以使用。所以这就需要法务为合同示范文本配置一个说明书,告诉上述人员不同合同示范文本的使用场景、使用方法和技巧。合同示范文本使用说明主要包括两个内容:合同使用和签订的说明,重要条款释义。

(1)合同使用和签订的说明。

①以合资合同的使用说明为例,其内容可以是:"该合资合同

适用于我公司与境外公司合资成立新公司的情况，境外公司包括注册地位于香港、澳门和台湾的公司，但是注册地在内地或大陆，即使其股东是境外自然人或法人也不适用本合同。本合同应在合资公司成立前签订，主要用于约定双方的出资义务、合资公司基本架构。本合同与外资公司的章程需保持重大事项约定的一致性，如章程在出资条款、董事会组成等方面与本合同存在差异的，应向法务部门确定后签订。"

②合同签订程序。

第一，合同审批程序。

在签订合同时，如果合同示范文本库中存在相应示范文本，那么必须统一选择使用该合同示范文本。商务部门有权在使用时结合商务谈判的具体情况对合同示范文本相关内容和条款进行修改完善，但是修改过的合同示范文本应经过法务部门专项审核，而不能走合同自动签批程序。

对方提供格式合同文本的，必须经法务部门专项合同审查后方可使用。商务部门需要签订的合同在合同示范文本库中没有相关文本的，可以首先参照同一法律性质和类别的合同示范文本加以拟定，在拟定后应交法务部门确定后方可使用，其中的谈判和商务合作的主要内容可以交由法务部门拟定。

所有合同按照示范文本拟定后，如存在修改示范文本条款的，应按照规定履行法务审核程序。如仅是填写了数量、当事人名称等内容，可以按照合同自动审核程序执行。

第二，合同条款要求。

合同条款应当完整明确，当事人的法定名称或者姓名和住所必须与营业执照和公章内容相一致；合同标的、数量、质量标准、价款或者报酬、履行期限、履行地点和履行方式必须和商务谈判结果一致；保密、违约责任、解决争议方法以及双方认为需要约定的其他条款必须有效可执行。

第三，谈判指导。

起草、审核合同时，建议先权衡己方在该项商务活动中的地位和可被替代可能性。对于处于弱势地位或极易被替代的商务活动，应先权衡业务利益和可能承担风险的大小的关系，并权衡业务利益对公司整体利益的贡献度。如该商务活动利益较大，应尽量争取符合商业惯例的相对公平合理的合同条款。对于处于强势地位的业务，除了核心条款应争取有利于公司的合同条款外，其他条款还应以公平合理为标准。

第四，违约责任条款。

违约责任条款应当根据可能发生的损失额度合理设置责任限额。如作为履行主要义务一方，应在预测对方损失的前提下对可能承担的违约责任设置明确的数额和限制，如用比例方式设置违约金的，则违约金宜最高不超过合同总金额的 5%。

第五，合同格式要求。

排版要求：合同正文用 A4 纸张打印，正文用宋体 4 号字，行间距为 1.5 倍。特殊文本如有格式说明的，在合同审批流程中应作特殊说明。

附件：如有附件，在正文结尾下一行列示附件清单或者目录，标明附件名称和页码。附件应与正文一起装订，如附件为图表的，可以根据图表大小选择合适纸张。

用印与签字：如有专门的签字页，必须在签字页的页眉处注明是哪份合同的签字页，即"此为＿＿＿＿年＿＿月＿＿日＿＿＿＿＿＿合同/文件签字页，此页无正文"。同时，用印要与合同主体相一致。需要签字的，应首先确定由谁签字，签字人需要有相应的授权文件，个人签字不得使用个人名字图章代替手签。合同及其附件应全部加盖骑缝章。所有加盖的印章必须清晰可辨认，并与合同主体一致。

（2）重要条款释义。对重要条款的法律后果和设计用意做解释，可以使使用人更好地理解合同条款并加以运用。例如，商业综合体的出租合同所设定的商务目的是通过房屋出租来达到商业综合体整体运营的商业目的。这种情况下，每一个商业房屋的租赁情况都可能因为承租人要从事的业态不同而使得租赁合同主要条款存在差异，因此，示范文本不适合给予大量的固定条款，而应该给业务部门留一定的余地。对于市场管理规则和装修规则这种约定细化和文字比较长的内容，可以通过附件方式来明确。而对于违约条款、权利义务条款，尽量用列举的方式来详细展示，以便商务人员、物业人员选择使用。

法务可以对示范合同进行介绍，帮助业务部门人员尽快熟悉和熟练运用示范合同。对于业务部门人员在日常工作中对合同编制所提出的问题，要加以汇总，并且反映到条款中去；还可以经常总结与业务部门人员有关的合同条款的书写问题，编制《合同书写100问》等小册子，指导业务人员熟练准确编制合同。

（三）公司合同百宝箱——示范合同库

编制公司示范合同库是法务很重要的工作之一。公司示范合同库是一个公司合同示范文本的集合，存放了公司日常经营所可能涉及的所有合同示范文本。当业务部门有需要时，可以自行去示范合同库中找一个最匹配的合同示范文本。示范合同库可以极大节约法务的时间，降低法务的工作量。但是要做到这一点，需要法务建立一个比较完备的、易操作的示范合同库，一个有效的示范合同库一般具有目录、操作指南、示范合同和其他文件等部分，下文笔者就对这四个部分逐个讨论。

1. 目录

目录应具有很强的检索功能，使读者一看就知道自己要的合同大致在哪个部分。目录的编制要体现实用性，可以按照合同分类来排列，还要有简便的检索途径。建议在制作目录的时候采取合同名称、合同关键词、合同签订方等方式来完成对示范合同目录的编制。表1-2是笔者草拟的合同库目录，假定使用公司的主要业务是股权投资和资产管理，该合同库按照不同类别做了设计，供读者参考使用。

表1-2 合同库目录

序号	合同类别	合同名称	使用场合	变动情况
1	投资类	保密协议（国内）	协议各方为国内主体	2021年11月更新
		保密协议（跨境）	协议一方或多方为境外主体	2020年11月更新
		战略合作协议（1）	无实际权利义务	根据政府政策更新
		战略合作协议（2）	有税收优惠等权利义务	
		合资协议（中外合资）实用版	真实约定	

续表

序号	合同类别	合同名称	使用场合	变动情况
1	投资类	合资协议（中外合资）市场监督管理局版	市场监督管理局要求格式	根据政府政策更新
		合作协议（中外合作）实用版	真实约定	
		合作协议（中外合作）市场监督管理局版	市场监督管理局要求格式	
		出资协议（内资公司）	真实约定	
		增资协议（1）	中外合资	
		增资协议（2）	中外合作	
		增资协议（3）	内资	
		股权转让协议	受让股权	
		对赌协议/对赌条款	股权投资	
		业绩承诺书	股权投资	根据时间更新
		技术团队竞业禁止承诺书	股权投资、项目合作	续签订
		出资资产状况承诺书	各种合资项目	
		技术权利和归属承诺书	各种合资项目	
		出资承诺书	各种合资项目	
		标的公司状况承诺书	各种合资项目	
		"三会"架构承诺书	各种合资项目	
2	公司治理类	章程（内资）	公司成立和存续	根据备案更新
		章程（中外合资）	公司成立和存续	
		章程（中外合作）	公司成立和存续	
		章程修正案（中外合资）	章程修订	

续表

序号	合同类别	合同名称	使用场合	变动情况
2	公司治理类	章程修正案（中外合作）	章程修订	根据备案更新
		股东大会通知/议案/决议样本	股份公司	
		股东会通知/议案/决议样本	有限公司	
		理事会通知/议案/决议样本	非法人公司	
		合伙人大会通知/议案/决议样本	有限合伙企业	
		董事会通知/议案/决议样本	股份/有限公司	
		监事会通知/议案/决议样本	股份/有限公司	
		决策委员会通知/议案/决议样本	有限合伙企业	
3	资产管理类	买卖合同（1）	出售资产	2020年12月更新
		买卖合同（2）	购买资产	
		土地使用权出让合同	购买土地使用权	根据政府行政许可变化更新
		房屋买卖合同（1）	购买房屋	
		房屋买卖合同（2）	出售房屋	

续表

序号	合同类别	合同名称	使用场合	变动情况
3	资产管理类	房屋租赁合同（1）	租用房屋	根据政府行政许可变化更新
		房屋租赁合同（2）	出租房屋	
		资产委托拍卖合同	委托拍卖行	
		拍卖成交合同		
		产权交易委托合同	委托产权交易所	
		产权成交合同		
		网络拍卖委托合同	网络拍卖	
		招标文件	招标采购	
		投标文件		
		股权转让合同	出让股权	
		承包合同	公司经营权	
4	资金类	借款协议（1）	向银行借款	根据财务部要求更新
		借款协议（2）	向非银行金融机构借款	
		借款协议（3）	集团内部公司之间	
		借款协议（4）	集团及内部公司与外部公司之间	
		借款协议（5）	集团及内部公司与外部公司、个人或非法人公司之间	

续表

序号	合同类别	合同名称	使用场合	变动情况
4	资金类	担保合同	信用担保	根据财务部要求更新
		房地产抵押合同	借款	根据登记要求更新
		股权质押合同		
		票据质押合同		
		应收账款质押合同		
		设备质押合同		
		注册商标质押合同		
		其他财产质押合同		
		合法性承诺	借款人或实际控制人	
		法定代表人/实际控制人承诺		
5	行政人事类	劳动合同	劳动关系	根据相关部门要求更新
		实习合同	未毕业学生	
		聘用合同	退休者	
		劳务派遣合同	非关键岗位	
		服务外包合同	绿化、安保、清洁	
		食堂承包合同	食堂	
6	其他非合同文本类	承诺函	各项非借款事项	2021年5月更新
		担保函		
		合法性/合规性证明	各项资质要求事项	
		其他函件	其他场合	

2. 操作指南

示范合同库的读者大部分是非法律人士,他们基本不具有法律知识，法务要从非法律人士的思维角度来设计这一板块，旨在引导读者用最简便的方法找到自己需要的示范合同，一般可以用图表加文字的说明方式，力求更加直观、明确。

（1）总括描述示范合同库的整体内容。

> **表述示范**
>
> 本示范合同库所列示范合同分为投资类、公司治理类、资产管理类、资金类、行政人事类和其他非合同文本类六大类，共166份示范合同，业务部门根据交易情况、交易性质和交易架构选择最对应的示范合同类别适用。每一大类的示范合同包含若干子类，业务部门应该到子类别中选择具体合同适用。每一个示范合同还有简版和详细版两种，业务部门可以根据商务活动和交易的繁简程度进行选择。在检索示范合同时可以用关键词检索，也可以按照业务部门分类进行检索，还可以用合同关键内容进行检索。

（2）对如何选择合适的示范合同作出说明。

> **表述示范**
>
> 每个示范合同均有相对应的使用场合，具体请看示范合同文本的前言部分，请根据实际情况选择符合目前商务情况的示范文本使用，如果感觉没有合适的示范文本，可以联系法务部进行推荐。
>
> 对于不属于示范合同的承诺函等文本请查看"其他非合同文本类"，同样要根据这些文本的适用范围和适用情形做选择。需要说明的是，虽然承诺函等并不具备合同的形式，但是其对

权利、义务和责任的设定会具有同等法律效力，不能轻易出具或认为其不是合同就不具备法律效力。

（3）对选择适当合同后的填制做说明。

表述示范

在选择到合适的示范文本后，请在谈判前予以深入阅读，关注需要进一步填写的内容，在谈判时逐一落实上述需要填写的内容，谈判达成共识后请进行填写。如谈判无法达成共识，请在领导决策后予以填写；如对方提供了填写内容，请判断是否存在严重的权利义务不对等，如无则可以填写。

如果交易对方提供示范合同文本的，请先与我公司的示范合同文本进行对照，如存在显示公平和重大权利义务不对等，请及时修改相关条款。

（4）对合同归档进行指导。

表述示范

在谈判和合同磋商过程中，请保留谈判和合同磋商的过程，即保留数次不同的合同文本。在合同文本最后定稿后请与示范合同一并提供至合同审理部门进行审批。对审批后的合同进行打印并申请用印，最后必须将用印合同原件按照我公司《档案管理办法》进行归档，并将用印合同扫描档按照《档案管理办法》进行电子归档，方便今后按照权限查询。

3. 示范合同

这一部分是示范合同库的主体，是各种示范合同的集合，一定要种类齐全、对应性强。一个完整和实用性强的示范合同库肯定无法一口气建成，它是随着公司经营过程逐步建立的。一开始要把使用频次最高的主要合同类型所对应的示范合同进行归总，放在示范合同库中，如果是上述合同分类中的公司，最着急建立的就是采购类的合同，销售虽然也是上述公司很重要的经营部分，但是一般销售会使用买方提供的合同，建立示范合同的紧迫性就不是那么强烈。而在采购合同示范文本建立的过程中，要与合同分类相对应，每个子类别的合同最好要有详细版和简化版两种形式，以供业务部门人员选择，每个示范合同的附件清单都必须列明使用范围并附上说明。

4. 其他文件

这一部分是指除了示范合同之外的，公司经营过程中可能要使用的各类文件，这些文件虽然不是合同但是会成为合同的一部分，或者具有承诺等法律效力，其重要性并不比合同低，而且正因为这些文件并不是合同，往往不能在合同审批流程中得到控制，其风险系数还高于合同本身，所以在示范合同库中要包含这些文件，供业务部门选择适用。具体来说，这类文件主要包括以下类型。

（1）招投标类。这类文件主要有投标书、招标书、投标价格汇总表等。建议结合行业特点、甲方要求和公司本身管理流程，来确定主要条款和内容。

（2）承诺书类。这类文件主要包括公司对金融机构作出的各种承诺函、保证函等，一般来说这一类的承诺函都有固定的格式，例如，质押承诺函、共管承诺函、配合办理函等。在资本市场项目中也经常用到各种大股东承诺，例如，保持上市公司独立性的函、避免同业竞争的函等。在股权投资项目中也会出现各种服务于投资项目的函件，例如，保密函、业绩承诺函等。

（3）担保类。通常，在公司经营业务实践中会出现两类担保文件：一类是针对公司自身合法性、合规性提供担保的文件，例如，无违法犯罪行为的保证文件；另一类是建立担保法律关系的担保文件，例如，连带责任担保函等。笔者在下文草拟了一份股东担保函供读者参考。

担保函

A股份有限公司：

　　本人作为B有限责任公司的股东，持有该公司15%的股权，在此作为B有限责任公司的连带责任担保人就B有限责任公司于2021年10月20日与贵公司签订的合作合同中的所有支付义务和法律责任承担连带担保责任。贵公司有权向我个人追偿，B有限责任公司于2021年10月20日与贵公司签订的合作合同中的所有内容本人作为股东完全同意。

担保人：黄某

身份证号码：×××××××××××××××××

年　月　日

附件：身份证复印件

　　在本部分的最后，笔者还是要提示读者，虽然示范合同库可以提高工作效率，但是过分依赖示范合同库也是不可取的，因为现实生活远比预先设定的示范合同复杂，每个示范合同仅能解决一部分合同需求，并不能精确覆盖到每次业务谈判、每笔交易的特殊性要求，所以不能机械地依赖示范合同和合同库，而是应该在借鉴使用的同时保证不同交易的特殊性。同时，法务还要根据公司业务的发展需求不断地扩充示范合同库的内容，把新增业务所对应的示范合同加入合同库。法务在日常工作中一定要做有心人，不但要注意积累合同条款，还要注意收集实用性强的合同示范文本，逐年不断地完善才能打造一个好用的示范合同库。

二、合同审核要点

合同是商业交易的载体，是为了体现双方共识、搭建交易通道并进一步完成其商业目的的途径。因此，合同审核的目的是促成交易、控制风险和解决差异。

有一个很有趣的现象，一般刚毕业或者工作时间不长的法务或者律师在进行合同审核时都会提出一大堆的意见，大到合法性的问题，小到遣词造句，但是工作时间长、经验丰富的法务和律师反而在合同审核时不会提太多的意见，总是寥寥几条就结束了"战斗"。为什么？排除工作态度的因素，其实很可能是"老法务""老律师"已经掌握合同审核的要点和精妙之处，举重若轻，深谙合同审核究竟审什么问题。

合同审核质量的高低，不是看所提出的意见多寡，也不是看完成合同审核时间的快慢，更不是看一段时间内完成合同审核的数量多少；合同审核质量的高低应该以能否促进交易、能否有效控制风险、能否提出创造性的解决思路为标准。

为什么刚毕业或者工作时间不长的法务或律师在进行合同审核时会提出一大堆的意见,原因无外乎三点:第一,对商业活动不了解,因不了解而生疑,于是拿商业惯例条款"开刀"。第二,对具体条款是否合法、是否有效、是否违反监管要求,心里没有底,倾向于从严控制,并用条款加以固化。第三,对不标准的非法律条款的法律后果,由于经验不足而无法判断,倾向于用固定模式的法律条款取而代之。以上三点造成对合同改动很大,看似工作做了一大堆,但是促进商业成交的效果却没有,即背离了合同的初衷——实现交易。笔者在本章节中并非对单一合同的审核提出具体建议,而是从合同目的出发提出合同审核的思路和方法。

(一)合同审核首先要判断合同效力

审核合同建议先从大处着手,就是先判断该合同的效力处于何种状态,合同是有效、无效、效力待定还是可撤销。

1. 合同违反法律效力性强制性规定而无效

由于违反法律效力性强制性规定会导致合同无效,商业目的根本无法实现;因而在判断合同效力时,首先要判断是否存在违反法律效力性强制性规定的情形。

2. 交易违反效力性强制性规定的判断标准

(1)强制性规定。强制性规定是指必须依照法律适用、不能以个人意志予以变更和排除适用的规范。强制性规定在司法实践中分为效力性强制性规定和管理性强制性规定,实务中对于这两种强制性规定的界定经常会产生争议,而界定不恰当的直接后果是合同效力判定不当,因为只有在违反效力性强制性规定的时候才会导致合同无效。其法律依据为,《中华人民共和国民法典》(以下简称《民法典》)第153

条第 1 款规定:"违反法律、行政法规的强制性规定的民事法律行为无效。但是,该强制性规定不导致该民事法律行为无效的除外。"

(2)效力性强制性规定。效力性强制性规定是指法律及行政法规明确规定违反该类规定将导致合同无效的规范,或者未明确规定违反其之后将导致合同无效,但若使合同继续有效将损害国家利益和社会公共利益的规范。效力性强制性规定体现为:①法律或行政法规明确规定违反该条文将导致合同无效;②该条文虽未明确规定,但所引用的其他条文对合同效力做了规定;③该条文虽未做规定,但结合立法目的,如违反该条款会损害国家利益、社会公共利益。以上这些均为效力性强制性规定。例如,《民法典》第 1038 条第 1 款规定:"信息处理者不得泄露或者篡改其收集、存储的个人信息;未经自然人同意,不得向他人非法提供其个人信息,但是经过加工无法识别特定个人且不能复原的除外。"这条规定就属于效力性强制性规定,如果合同所载交易为违法取得的个人信息,未经自然人同意转售他人的,那么该合同即为无效。

(3)管理性强制性规定。其一般指法律及行政法规没有明确规定违反此类规范将导致合同无效或者不成立。虽然违反此类规范继续履行合同会受到行政处罚,但是合同本身并不损害国家、社会公共利益以及第三人的利益,因此,该类合同并不一定无效。

3. 房产代持合同无效案例

下面用一则案例[①]来说明判断合同效力的重要性。辽宁中集哈深冷气体液化设备有限公司、徐某欣再审案件是因房产代持而引发争议的案件,该案的焦点问题在于代持合同是否有效。

---

① 最高人民法院民事判决书,(2020)最高法民再 328 号。

基本案情

2012年12月20日,徐某欣与曾某外签订房产代持协议约定:代持房产所有权、使用权、收益权、处分权等一切权利均属于徐某欣;徐某欣以曾某外的名义签订购房合同及其他相关配套法律文件,交房时代持房产的房产证、土地使用证登记在曾某外名下;曾某外仅代替徐某欣持有房产,并不享有任何权利,未经徐某欣书面同意,曾某外不得单方处分房产。之后,徐某欣与其妻子通过不同账户支付完了所有房款。

2014年4月25日,兴业银行与曾某外及其他个人签订了最高额保证合同,约定上述个人对案外借款人大庆庆然天然气有限公司2910万元借款承担最高本金限额为2910万元的连带保证责任,保证范围为本金及利息。后借款人未按期归还借款,债权人申请强制执并于2016年10月17日查封登记在曾某外名下的案涉房屋。

徐某欣提起诉讼,主要诉求为:中止执行,解除对该代持房产的查封。徐某欣认为其与曾某外签订房产代持协议有效,其实际付款并占有房产至今。曾某外并非代持房屋的真实所有权人,无权处分房屋,法院亦不能将代持房屋查封拍卖。

一审、二审法院关于合同效力的认定

法院认为,虽然徐某欣与曾某外代持房屋的行为违反了地方政府限购规定,但限购文件并非法律和行政法规的效力性强制性规定,因此,房产代持协议有效,徐某欣对代持房屋享有足以排除强制执行的民事权益。

最高人民法院关于合同效力的认定

徐某欣与曾某外为规避国家限购政策签订的房产代持协议因违背公序良俗而应认定无效。主要说理为：2010年4月17日发布的《国务院关于坚决遏制部分城市房价过快上涨的通知》（国发〔2010〕10号），是基于部分城市房价、地价出现过快上涨势头，投机性购房再度活跃，增加了金融风险，不利于经济社会协调发展的现状，为切实稳定房价、抑制不合理住房需求、严格限制各种名目的炒房和投机性购房，切实解决城镇居民住房问题而制定的维护社会公共利益和社会经济发展的国家宏观经济政策。该通知授权"地方人民政府可根据实际情况，采取临时性措施，在一定时期内限定购房套数"。北京市人民政府为贯彻落实该通知要求而提出有关具体限购措施的京政办发〔2011〕8号文件，系依据上述国务院授权所作，符合国家宏观政策精神和要求。徐某欣在当时已有两套住房的情况下仍借曾某外之名另行买房，目的在于规避国务院和北京市的限购政策，通过投机性购房获取额外不当利益。司法对于此种行为如不加限制而任其泛滥，则无异于纵容不合理住房需求和投机性购房快速增长，鼓励不诚信的当事人通过规避国家政策"红线"获取不当利益，不但与司法维护社会诚信和公平正义的职责不符，而且势必导致国家房地产宏观调控政策落空，阻碍国家宏观经济政策落实，影响经济社会协调发展，损害社会公共利益和社会秩序。

（二）合同审核意见要分层级、够简练

合同审核意见是法务指导业务人员修改合同、向高管提示风险的主要方式。合同审核意见的重要性并不是以量取胜，而是要起到"提神醒脑"的功效。合同审核意见要有可行的解决方案，表达清楚明确无歧义、易读易改易接受、主次分明不拖沓。

1. 合同审核的步骤

合同审核意见的阅读者是提交合同的业务或商务部门的工作人员，他们提交合同时往往认为这个合同已经没有问题，可以签订了；而法务往往会觉得这个合同还有很多问题不清楚，甚至需要推倒重新写。双方会从问题开始讨论，那么法务在出具合同审核意见时应遵循以下逻辑顺序：提出并解释问题—提供解决方案—出具有关意见。

（1）提出并解释问题。法务应先站在对方的立场上来审视大家认知的差异，提出业务部门和商务部门没有发现的问题，并加以解释。法务要对自己提出的问题的法律后果做明确的说明和举例，帮助商务部门和业务部门真正理解。只有真正理解了，才有可能会接受法务提出的修改意见和解决方案。

（2）提供解决方案。解决方案是就问题提出的解决思路和操作方法，包括条款的修改等。解决方案一定要具体可行，不建议用原则性的表述来替代具体条款的修改。对于缺失条款可以直接补充；对于商务事项不明确的，可以提出问题并在条款中明确化；对于涉及财务、税务问题可以建议由财务部门发表意见等。仅提出问题而不给解决方案，或者仅给十分原则模糊的法律意见，都无法进行下一步的操作。

下文是一个建筑施工合同中的配套合同，该配套合同是一份行业示范合同，不存在合同无效的情况。基于此种情况，法务未在原合同上做大量修改，但对于不明确和缺失的条款做了修改和增添（下划线部分为法务修改或增添部分）。读者可以通过该合同来体会一下合同审核意见的具体制作要点。

合同编号：03-前期-2021-0101

室外光纤和网络综合设计合同

项目名称：甲小区二期定向销售商品房项目
发包单位：乙房地产开发集团有限公司（以下简称甲方）
统一社会信用代码：××××××××××××××××
住所地：××市×××街××号
承包单位：丁建筑设计咨询科技有限公司（以下简称乙方）
统一社会信用代码：××××××××××××××××
住所地：××市×××街××号

甲方委托乙方承担甲小区二期定向销售商品房项目光纤和网络综合施工图设计，经双方友好协商一致，签订本协议。

一、本合同依据下列文件签订

1.1 《中华人民共和国民法典》《中华人民共和国建筑法》。

1.2 国家及地方有关建设工程勘察设计管理法规和规章。

1.3 建设工程批准文件。

二、设计内容和深度

2.1 设计内容：

  2.1.1 排水系统（包括但不限于雨水排水、污水排水、绿化排水等)、给水系统(包括但不限于生活给水、消防给水、绿化给水、商业给水等)、电力管网系统(包含但不限于专变供电、公变供电、景观照明等)、煤气燃气系统、三网系统、强电系统、弱电系统、围墙大门等设计。

2.1.2 室外管网综合及后期跟踪服务。

2.2 设计深度。乙方设计的各专业施工图须经自来水、热力、电力、燃气、电视、电话等各专业部门的认可。经专业最终认可的管线综合图,必须做到与各专业施工图中各种管线平面位置和竖向标高的一一对应。管线综合图设计深度详见现行《国家建筑标准设计图集》(包括但不限于图集号 05J804)。

三、设计成果

序号	资料及文件名称	份数	提交日期
1	室外雨水管线设计及施工图	8	2021年4月10日
2	室外污水管线设计及施工图(含化粪池)	6	2021年6月10日
3	室外给水管线设计及施工图	10	2021年7月10日
4	室外煤气管线设计及施工图	8	2021年9月10日
5	室外强电管线设计及施工图	9	2021年10月10日
6	室外弱电管线设计及施工图	8	2021年7月10日
7	室内弱电管线设计及施工图	15	2021年9月10日
8	管线综合设计(包含以上管线)	8	2021年10月10日
9	室外管线示意图	12	2021年9月10日
10	围墙大门平立剖面图、结构设计及施工图	16	2021年11月10日

以上设计图纸及资料乙方除提供纸质版图之外,还应提供存储该文件电子版的U盘。

四、合同价款

4.1 合同包干价(含税)为:¥420 000.00元(大写:人民币

肆拾贰万元整）。

4.2 在合同实施期间，本合同将采取固定总价合同，总价将不予调整。乙方作为设计公司已完全考虑其在本合同中约定承包事项，对于因设计变更增加的费用由乙方自行承担。但乙方如未按照本合同约定完成全部设计内容，则对于其未完成的部分价款应予以相应扣除。

五、付款方式

5.1 合同签订后20日内乙方向甲方提供合同第三条中约定的设计成果草案供甲方进行管网综合初步方案的商讨，待甲方书面确定方案后7日内，甲方向乙方支付金额￥80 000.00元（大写：人民币捌万元整）。

5.2 乙方设计工作完成后，设计成果经甲方签字盖章认可后7日内，甲方向乙方支付金额￥240 000.00元（大写：人民币贰拾肆万元整）。

5.3 项目工程竣工且通过验收，并取得竣工验收备案证后20日内，甲方向乙方结清合同价款。

5.4 对于甲方的每一笔付款，乙方均应遵守甲方各项付款流程，提前10日提供增值税专用发票（税率6%）和有关税收资料作为结算付款的依据，否则甲方有权拒绝支付。

5.5 如因乙方原因导致甲方进项税额未被税收征管部门准予抵扣或抵扣后被税收征管部门转回，由乙方承担由此产生的法律责任和经济损失，并承担违约责任，按合同总价的10%向甲方支付违约金。

六、双方责任

6.1 甲方责任：

6.1.1　甲方应为乙方派赴现场处理有关设计问题的工作人员提供必要的协助。

6.1.2　<u>在符合本合同约定的前提下，</u>甲方应按照合同约定节点向乙方支付进度款。

6.2　乙方责任：

6.2.1　乙方应保证其具备本合同委托事项所需的资质要求。乙方应按国家、地方及行业相关的设计技术规范、标准、规程及甲方提出的设计要求，进行工程设计，按合同规定的进度要求提交质量合格的设计资料，并对其负责。

6.2.2　乙方须采用的主要技术标准是：构成本合同的设计应当遵守的或指导设计的现行国家设计规范<u>[《城市工程管线综合规划规范》(GB 50289—2021)等国家标准]、行业或地方的技术标准和要求，以及本合同约定的技术标准和要求。</u>

6.2.3　乙方应保证本合同项下设计合理使用年限为70年。

6.2.4　乙方按本合同第二条和第三条规定的内容、进度及份数等要求向甲方交付资料及文件。

6.2.5　乙方交付设计资料及文件后，按规定和甲方要求参加有关的设计审查，并根据审查结论负责对设计内容做必要调整、补充及修改。以上调整、补充及修改，乙方应在甲方指定的期限内完成。乙方按合同规定时限交付设计资料及文件，负责向甲方及施工单位进行设计交底、处理有关设计问题和参加竣工验收。

6.2.6　<u>甲方提供给乙方的图纸、甲方为实施工程自行编制或委托编制的技术规格书以及反映甲方要求的或其他类似性质的文件的注册商标属于甲方。乙方应保护甲方的注册商标，不得向第三人泄露、转让甲方提交的产品图纸等技术经济资料。如发生以上情况</u>

视为乙方违约，乙方应按合同总价的 10% 向甲方支付违约金，给甲方造成经济损失的，甲方有权向乙方索赔。

6.2.7 乙方设计的各专业施工图须经自来水、热力、电力、燃气、电视、电话等各专业部门的认可。如果专业部门不认可本专业施工图，那么对于不被认可的专业施工图，甲方将按合同总价的 10% 扣除设计费，甲方应指派专人与乙方联系沟通。

6.2.8 在甲方雨水、污水、给水（含消防给水）、电力管网、煤气、弱电、围墙大门等分包安装工程招标或施工过程中，乙方应根据各分包单位提出的实施方案及二次设计向甲方提出专业建议并配合后续设计方案修改。

七、违约责任

7.1 甲乙双方如有一方不履行本合同规定，违约方应承担违约责任并赔偿有关损失。

7.2 乙方对设计资料及文件出现的遗漏或错误负责修改或补充。基于乙方或乙方员工原因造成工程质量事故的，乙方除负责免费采取补救措施外，应免收直接受损失部分的设计费。造成严重损失的，根据损失的程度和乙方责任大小由乙方向甲方赔偿损失，并按合同总价的 10% 向甲方支付违约金。

7.3 基于乙方自身原因，延误了按本合同第三条规定的设计资料及设计文件的交付时间，每延误一天，应减收该项目应收设计费的 2%，以上费用甲方可在设计费中相应扣减。若造成工程设计文件审查无法进行或无法按期进行，并造成设计周期延长、窝工损失及甲方增加费用的，乙方应按合同总价的 10% 向甲方支付违约金并承担损失赔偿责任。乙方延误设计交付时间达到 15 个工作日的，甲方有权单方面解除合同，乙方应按合同总价的 10% 向甲方支付违约金并承担损失赔偿责任。

7.4 合同生效后，乙方要求终止或解除合同的，乙方应双倍返还甲方已支付的款项，并向甲方赔偿由此造成的全部损失。乙方应于要求终止或解除合同的次日向甲方支付上述款项，逾期付款的，每逾一日，按照 5%/ 日之标准支付逾期付款的资金占用费。

八、其他约定

8.1 本工程设计资料及文件中，建筑材料、建筑构配件和设备，应当注明其规格、型号、性能等技术指标，乙方不得指定生产厂、供应商。

8.2 甲方委托乙方承担本合同内容之外的工作服务，由双方另行签署服务合同、另行支付费用。

8.3 基于乙方原因导致合同解除，甲方为完成剩余工作而委托其他设计单位继续设计而需比原合同价格多发生的工程费用，皆由乙方赔偿给甲方，甲方在支付其余工程款时予以扣除（剩余工程款不足以扣除时，乙方应在收到甲方通知后 3 日内向甲方支付该费用）。

8.4 乙方在工程设计时，因侵犯他人的专利权或其他注册商标所引起的责任，由乙方承担。乙方在本合同签订前和签订时已确定采用的专利、专有技术的使用费应包含在签约合同价中。

8.5 未经甲方书面同意，乙方不得擅自对工程设计进行分包，否则甲方有权随时解除本合同，并要求乙方承担违约责任，向甲方支付合同总价 20% 的违约金，并赔偿由此给甲方造成的全部损失。

九、争议的解决方法

对合同履行过程中的问题，双方协商解决，协商不成时任何一方可向本协议签署地的人民法院提起诉讼。

十、未尽事宜

其他未尽事宜，双方协商解决并签署书面补充协议进行确定。补充协议作为本合同的组成部分，与本合同具有同等法律效力。

十一、合同效力及其他

11.1 本合同一式肆份，双方各执贰份，每份均具有同等法律效力。本合同经双方签字盖章后正式生效，工程竣工验收、质保期满结清工程尾款后自行终止，<u>但保密条款除外</u>。

11.2 本合同附件作为本合同的组成部分，与本合同具有同等法律效力。合同附件经有效签署后生效。

（以下无正文，为室外光纤和网络综合设计合同签署项）

甲方（盖章）：　　　　　　　乙方（盖章）：
法定代表人（或委托代理人）：　法定代表人（或委托代理人）：
签订时间：20××年××月××日　　签约地点：××市

（3）出具有关意见。在"提出并解释问题—提供解决方案—出具有关意见"流程中，前两个环节都可以用口头的方式来完成以提高效率，但出具有关意见建议尽量采用书面方式，且应选择合适内容。

①法务和其他部门无法达成一致的分歧事项。法务和其他部门经办人员存在分歧，需要部门负责人或高管决策的内容。例如，甲公司向乙物业公司租赁房屋，乙物业公司要求甲公司预先支付总租金费用的40%作为保证金，如果甲公司提前解除租赁合同则不予退还保证金。甲公司行政部门认为该条款可以接受，因为该房屋属于城市核心地标性建筑，公司租赁后装修成展示厅对公司形象有很

大的提升作用；但是甲公司的法务认为保证金比例过高，一来占用资金，二来如果要提前解除租赁合同会直接导致甲公司承担40%的违约责任，所以建议通过谈判调低保证金额度。此情况并没有原则性问题，但是需要确定甲公司愿意承担风险的程度，此事可能需要甲公司部门负责人级别以上的人员甚至董事会及以上会议决策，所以法务应将此事项编制为合同审核意见并提请决策者决策。

②对需要继续研判的事项的提示。这种提示是建议高管对项目具体问题进一步研判并作出安排。例如，甲集团公司有一项投资计划是要增资一家城市商业银行，成为该城市商业银行的小股东，法务在审核并完善增资协议等文件后解决了合同中的法律风险。与此同时，该法务在合同审核的书面表单中做了一项提示，即提示甲集团公司的高管，注意甲集团公司成为城市商业银行股东后需要符合中国银行保险监督管理委员会关于股东资格的条件要求，并列举了中国银行保险监督管理委员会对银行的非金融机构股东的主要的财务指标要求："财务状况良好，最近3个会计年度连续盈利""年终分配后，净资产达到全部资产的30%（合并会计报表口径）""权益性投资余额原则上不超过本公司净资产的50%（合并会计报表口径），国务院规定的投资公司和控股公司除外。"

③合同审核的法律意见。合同审核意见应将法律意见分类说明。

第一类"红线意见"。

此类意见就是合同中踩"红线"的地方，所谓的"红线"包含法律法规的禁止事项、可能导致合同无效的事项、公司章程、合同和承诺书等文件约定的禁止事项。即合同出现了原则性的问题，法律后果会十分严重。例如，在一份买卖合同中，约定甲公司向乙个人购买商品，但是由于乙个人不愿意开具发票，转由丙公司开具发票的情形。这时甲公司法务就应提出合同涉及虚开增值税发票的"红线"问题。甲公司与丙公司之间并没有真实的交易，却开具了增值税发票，那么双方都会涉嫌"虚开增值税发票"的罪名，解决方案是要求乙个人前往税务机关申请代开发票。

第二类"权利性影响意见"。

这类意见所反映的问题并没有像"红线"问题那么严重，更多的是合同权利义务的不对等、合同条款约定不清晰、合同条款无法执行等事项，这些问题不会导致合同效力存在重大问题，但是不解决很可能会隐藏纠纷或者带来损失。例如，在广告委托设计合同中，甲公司委托乙公司设计一项广告，甲公司法务在合同审核中发现，该广告委托设计合同缺少"知识产权保障条款"，即缺少乙公司关于遵守知识产权义务的承诺。甲公司法务在出具合同审核意见时应要求增加"乙公司保证在交付的广告中不侵犯他人的著作权、肖像权、名誉权和商标权，同时乙公司保证在广告中不构成对甲公司竞争对手的商业诋毁，也不构成不正当竞争"。

第三类"一般性意见"。

这类意见比起"权利性影响意见"而言其重要性更低一点，很大程度上是基于法律规定的一种提示，提示业务部门更加谨慎地考虑某些条款的设置。例如，甲公司和乙公司拟签订保密合同，乙公司法务审核后发现，保密期限在保密合同中设置的是合同履行期间和合同履行完毕后3年，公司法务结合该交易项目的保密内容从而判断保密期限最好可以更长，所以在合同审核意见中提出"保密期间可以延长至合同履行完毕后5年，仅为建议，请商务部门自行确定"。

2. 合同审核意见要言简意赅

（1）行文"简、浅、显"。合同审核意见的阅读者通常是各部门负责人和高管，他们的时间比较紧张，所以能简练的，就不要长篇大论。对于问题的描述要一针见血，不要迂回翻转；对于现存问题和法律后果要作出清晰判断，以便他们决策；对于需要其他部门出具意见的问题，要明确问题、明确要求。

用最简单明了的语言将需要提示的问题讲清楚、讲明白、讲透彻是每个法务的必修课。这个能力并不是每个法务都自然具有的，需要在不同的场合进行训练，但是首先一定要对自己有"言简意赅"的要求。在编制时可以先写一份草稿，然后在草稿的基础上进行简化，类似于小时候我们语文课上的缩写，久而久之反复训练必然可以达到一定效果。例如，草稿写成"这份买卖合同中，我公司作为这两台定制大型压路机械设备的购买方，合同中没有约定在验收时的定制验收技术标准"，在缩写时可以简练为"建议增加验收技术标准（现无）"。

（2）易于阅读。在编制合同审核意见时慎用"法言法语"，否则读者无法理解，写得再好也是枉然。例如，在合同审核意见中如果使用"善意取得"的字样，那么笔者相信大多数的部门负责人和公司高管是无法明白它的含义的，这就要求法务要根据不同情况对"善意取得"作出不同的说明。因此，建议法务直接对应合同场景来书写具体的法律原因以代替法言法语，例如，买卖合同中的"善意取得"就可以书写为"如货物价格在乙公司交货前大幅上涨，则乙公司存在'一物二卖'的可能，如乙公司将货物又卖给不知情的丙公司，且丙公司支付价款并接收货物后，我公司将无法取得该批货物"。

（三）合同表述要体现商业诉求

"语言永远是思维的外延"，语言永远不能准确地表达思维。但是在合同审核时，法务必须保证自己手上的合同是商务人员要的那一个，也就是说合同的表述要和商务人员内心的要求相一致。笔者二十余年的工作经历无数次发现，商务人员口头说的交易结构和合同目的往往和他们手里拿着的合同文字所传递的交易结构和合同目的根本不是一回事。其原因可能是商务人员的合同是对方提供的，商务人员自己就仅从口头上和对方做了沟通，根本没有好好看合同的内容，没有逐条去检查合同条款，自以为书面合同和口头谈判的内容是一致的，其实对方往往在汇报领导后会对合同做一些改动。法务有时并不参加商务谈判，对商务人员的谈判内容和结论一无所知，而法务一般会认为商务人员把合同提交给法务来审核就说明他们已经看过这份合同，自己确定了才会来走审核流程。这是一个美丽的误解，但是其后果往往很严重，很可能导致合同"离题万里"。法务在合同审核前，可以事先和提交合同的商务人员口头确认其交易架构、权利义务设置和合同目的，最好是由商务人员提交邮件对上述合同关键点做归纳，这样法务就可以对比手头上的合同和商务人员内心要求的合同的差异，并做相应修改。法务应在公司合同审核制度中，强化这一要求，将其变成提交合同部门人员的工作要求和义务。

（四）合同审核的主要目的是作出法律风险预估，而法律风险预估的重要依据是司法案例

合同审核的终极目标之一是规避法律风险，而要达到这个目

标，法律风险预估是主要手段，预估过程中所使用的依据除了法律规定之外则一定是司法案例。成文法的规定都较为原则性，在具体合同的场景中已经生效的司法案例可能会对风险揭示和风险防范提供更好的指导作用和预判作用。笔者拟在本部分对风险预估及其依据作出讨论。

1. 根据综合情况预估法律风险

合同法律风险是指由于合同效力存在瑕疵或者合同条款表述有问题而埋伏了纠纷的可能，进而可能给公司带来损失。法务应当对纠纷发生的可能性、损失的可能性和损失的大小进行法律分析，尤其要对损害结果做较为准确的预估，为什么说是做较为准确的预估而不是做充分的预估呢？笔者认为，如果把风险可能性和损害结果预估得过大，那么显然会阻碍商业交易的进行，而预估不充分又显然警示不够，也会导致风险预防不到位的情况。知易行难，这个尺度把握到位不容易。法务可以考虑从以下角度进行把握：

（1）权利义务角度。法务应关注合同中以下权利义务条款：合同对方是否有权作出对本公司不利的民事行为，并可以取得较大的收益（此处收益大小是相对于行为成本而言的）。合同对方是否有机会在行使违约行为或不诚信行为时（无法律依据或合同依据的行为）只需要承担很小的代价甚至无代价，却可以收获较大收益（此处代价大小是相对于收益而言的）。从逆向选择的角度看，如果合同对方可以以某种低成本甚至无成本的行为从我方获得利益，那么这种行为发生的可能性就会较大。

（2）历史表现角度。法务可以通过检索历史表现来判断交易对方的信誉指数，信誉指数较高的公司其违约风险或者不诚信风险一般相对较低，信誉指数不高的公司，则更需要对其主观违约的风险作出充分预估，查询交易对方信誉指数的渠道有如下几种：

第一种，在人民法院公开的案例库和执行信息库中查询涉及该公司的诉讼案件和执行信息，从中分析该公司涉及诉讼和执行的具体原因，关键审查是否存在违约等不诚信的行为。

第二种，运用企查查、老赖查询等查询公司的信用报告文件，如公司的诚信档案、失信信息、公司信用决策报告等来了解该公司的信用度。

第三种，检索公司发行债券、票据的募集说明书，来检视其信用情况，同样还可以查询其历年评级情况来复核其信用水平维持情况。

第四种，检索政府公开的公司信用查询平台是否存在不良记录。这些平台主要有广州绿盾信用服务有限公司、国家企业信用信息公示系统、中国海关企业进出口信用信息公示平台、中国人民银行征信中心和各地征信分中心等。

第五种，运用一些大型公司的商务数据，如中国出口信用保险公司的保险数据、各交易所的公告信息、招投标公告等来了解该公司的信用度。

除了上述检索结果可以作为交易对方信用判断参考依据外，公司中的商务人员是和交易对方接触最多、最前端的信用感受方，所以法务同时可以把交易对方信用判断的工作交给他们去分析评价。

2. 法律风险预估的重要参考依据——司法案例

上述都是比较主观的风险判断依据，对于法务而言最终的法律风险判断依据除了成文法之外就是司法案例了。成文法主要用于判断合同法律关系和条款适用的情况，可以明确其法律依据。司法案例的使用场合主要是在合同中反映出来的某一法律问题的法律后果并不明确、存在争议的时候。虽然我国并不是判例法国家，在先案例不能作为裁判依据，但是法律纠纷的最终救济途径就是诉讼或者仲裁，所以诉讼或者仲裁的结果和裁判思路反过来也可以指导合同的审核思路和风险预防。

下面结合具体案例来聊聊在租赁合同中承租人的优先权这一条款如何设置，如何预估法律风险。

✒ 基本案情

2021年9月，甲公司拟将所持有的房屋出租给乙公司作为高管宿舍，但是甲公司的房屋也有可能在租赁期内转让给其他人，而甲公司是一家国有独资公司，房屋的转让需要通过当地国有资产管理部门要求的产权交易机构通过公开交易的方式完成，由此甲公司的资产管理部门认为在国有资产转让过程中其无法采取合适的方式来保障乙公司作为承租人的优先购买权，因此，甲公司在与乙公司拟签订租赁合同时要求乙公司放弃其作为承租人的优先购买权。

乙公司在发现甲公司在承租人优先购买权条款上的不合常理的表述后，反而要求甲公司必须要保证其能够切实履行其法律赋予的优先购买权，因为乙公司是一家外商独资公司，如果其放弃权利，经办人是需要承担相应后果的。

于是，在其他合同条款均达成一致意见的情况下，双方就承租人优先购买权的条款协商了多次，但是基于各自不同的立场，相互之间的意见冲突较大，无法协调一致。甲公司资产管理部门就将问题提交给了甲公司法务，希望法务可以提出建设性的意见来解决目前的谈判僵局。

✒ 法律依据

甲公司法务听取了资产管理部门就该合同的描述,并与其确定了目前签订合同的障碍为:甲公司愿意给予乙公司优先购买权,但是鉴于相关国有资产出让的规定,要求国有资产在出让前需履行评估和公开竞价交易等要求,所以甲公司担心在合同中约定了优先购买权后,因为上述国有资产出让要求而无法履行优先购买权的承诺并导致要承担相应责任。为了解决这个问题,甲公司法务分别对承租人优先购买权和国有资产出让的法律规定和案例做了检索。

- 有关承租人优先购买权的主要法条:

《民法典》第726条规定了:"出租人出卖租赁房屋的,应当在出卖之前的合理期限内通知承租人,承租人享有以同等条件优先购买的权利。"

《最高人民法院关于审理城镇房屋租赁合同纠纷案件具体应用法律若干问题的解释》(法释〔2020〕17号)第15条规定:"出租人与抵押权人协议折价、变卖租赁屋偿还债务,应当在合理期限内通知承租人。承租人请求以同等条件优先购买房屋的,人民法院应予支持。"

- 有关国有企业转让资产的主要法条:

《企业国有资产交易监督管理办法》(国务院国有资产监督管理委员会、中华人民共和国财政部令第32号)第48条规定:"企业一定金额以上的生产设备、房产、在建工程以及土地使用权、债权、知识产权等资产对外转让,应当按照企业内部管理制度履行相应决策程序后,在产权交易机构公开进行。涉及国家出资企业内部或特定行业的资产转让,确需在国有及国有控股、国有实际控制企业之间非公开转让的,由转让方逐级报国家出资企业审核批准。"

《国有资产评估管理办法》(中华人民共和国国务院令第732号)第3条规定:"国有资产占有单位(以下简称占有单位)有下列情形之一的,应当进行资产评估:(一)资产拍卖、转让;(二)企业兼并、出售、联营、股份经营;(三)与外国公司、企业和其他经济组织或者个人开办外商投资企业;(四)企业清算;(五)依照国家有关规定需要进行资产评估的其他情形。"

• 关于承租人行使房屋优先购买权的具体案例:

可供参考的典型案例为上海浦润装潢有限公司与上海市纺织原料公司、上海纺织控股(集团)公司、利格有限公司承租人优先购买权纠纷案件。

预估风险

结合上述法条和案例辨析,甲公司法务得出以下结论:

第一,如果未按照国有资产出让的相关规定履行评估和公开交易等程序,那么资产转让行为不具有法律效力。

第二,如果是国有企业的原因导致交易对方无法实现优先购买权,需要承担赔偿责任,赔偿交易对方的实际损失。

第三,承租人优先购买权的行使具有很强的程序性要求,出租人的通知义务和承租人优先购买权的行使流程需要在合同中明确。

第四，对于"同等条件"应在合同中予以明确，否则容易带来理解歧义。

✒ 出具意见

上述分析完成后，甲公司法务召集资产管理部门和交易对方乙公司再次沟通，双方确定了折中的解决方案，即乙公司享有优先购买权，但是基于甲公司国有企业的性质，双方同意对于有优先购买权的履行程序作出符合国有资产出让规定的安排，最后甲公司法务对租赁合同中的承租人优先购买权条款作出了如下描述："甲方（出租人）在整体出售或者部分出售本合同项下租赁房屋时，乙方对租赁房屋整体或者部分在同等条件下享有承租人的优先购买权。甲方应在租赁房屋出售评估完成后，产权交易所挂牌当日书面通知乙方，书面通知必须包含挂牌的全部信息和资料，乙方必须按照产权交易所的要求与其他竞拍人一同参与竞拍，否则视为放弃优先购买权。如果乙方未参与竞拍，而要求按照最后竞拍价购买本合同项下整体或部分房屋的，甲方有权拒绝。本条款所称的同等条件指乙方需符合产权交易所及甲方挂牌时对于交易对方的资质要求。"这个条款表述最后得到了双方的认可，租赁合同也就顺理签订了。

笔者引用这个案例的目的还想说明，如果在合同审核中对某些条款或法律争议存在不明确、不明了的地方，完全可以检索法条和案例，以法条为依据并通过大量的司法案例来预测法律后果并寻求争议解决方式。

三、合同沟通技巧

合同审核的沟通在审核前、中、后都是很重要的事项。合同审核前的沟通前文已做分享,本部分主要介绍合同审核前的调查工作,同时介绍合同审核后的事项落实沟通。合同审核前沟通的主要目的是了解、探知、互摸底线,合同审核后沟通的主要目的是说服、劝解甚至命令,目的不同方法不同。

(一)合同审核前的调查

合同审核前,除了和商务人员就交易架构和商务目的进行充分沟通外,审核前的调查是十分重要的事项,做得好,合同审查可以有的放矢、合同风险有迹可循、对合同对方的意图有所了解。

1. 对交易对方的调查内容

(1)调查交易对方公司的整体情况。该项调查的目的在于查看交易对方是否是一家正常经营的公司。包括公司是否正常运营,有无歇业、被吊销营业执照或者是否是空壳公司;公司法人资格是否正常存续,有无进入市场监督管理部门"黑名单";公司治理机制是否正常运行,是否存在公司僵局、"三会"失灵、"董监高"被处罚等情况。

(2)调查交易对方是否具有本次交易所需要的特定资质。例如,从事压力容器制作和安装的公司就要查看其是否具有特种设备生产许可和制造许可。对于建筑行业就要审查交易对方其具体资质是哪个等级,因为不同等级可以承接的业务范围是不同的,例如,房屋建筑工程施工总承包公司资质分为特级、一级、二级、三级,除了特级资质可以从事所有工程外,一级资质的建筑公司仅可承担高度 200 米以下的工业、民用建筑工程和高度 240 米以下的构筑物工程,且单项合同额 3000 万元以上的建筑工程的施工。对于提供金融服务的供应商,更要查明其业务范围和资质情况,并不是任何金融机构都有资格销售所有金融产品、提供所有金融服务。对自称是金融机构的工作人员和合作方一定要进行调查,2016 年 3 月发生的合肥美的冰箱公司的 10 亿元信托产品诈骗案件,为大家提供了警示,因此,对所谓的"金融机构"一定要进行核查,以免被"李鬼"所蒙蔽。

(3)调查交易对方的信用情况。此项内容在上文已做分析,此处不再赘述。

(4)调查交易对方在行业中所处的位置。这些信息可以参考一些行业协会的相关排名、评选等文件,还可以查阅证券公司的某些报告,特别是在上市公司资产重组或者向特定对方发行股份购买资产的相关报告中,如果拟重组或者拟购买的特定资产是公司股权,那么为了证明该特定股权资产价格的公允性,证券公司会详细比较该股权所在的标的公司在行业内所处水平,并对产品、发展情况等做充分分析。这些报告往往具有翔实的数据,并且这些报告由于需要向中国证券监督管理委员会提交并向市场公布,其真实性和准确性一般具有保证,所以法务可以将其作为判断的依据。

法务同样需要深入了解行业情况,查看此类报告,不但可以了解交易对方的整体情况,还可以知道交易对方在行业中所处位置,很直观的一点就是可以借此判断其产品或服务价格定价是否合理,交易方式是否符合该行业的惯常商业习惯,财务结算方式、保证金比例以及质保金比例等在本次合同中的设定是否合理。可以说,这些报告完全为法务和商务人员提供了判断依据和商务谈判的充分理由。

2. 调查工作的流程设计

笔者不建议法务"流水账"似地处理合同，或者一拿到合同就扑上去看，因为很多影响合同审核意见的情况并不会完全出现在合同条款中，光从合同条款中找问题，往往无法发现交易全貌，自然也无法全面检视风险，更不要说全面防范风险了。法务要善于利用一些技巧手段来完成信息的汇总和风险的识别。

建议在法务部合同审核的工作流程中分设前后两道分工合作机制，即把合同审核前的调查工作和合同审查工作分开，由两位法务完成。专门负责合同审核前的调查工作的法务，在完成调查工作后将信息汇总给合同审核法务并提交合同的相关业务部门，合同审核法务则在此信息基础上完成合同审核。如在前的调查工作发现了较多或者较为严重的交易对方不诚信或公司主体运作不良等情况，那么就直接将该交易对手情况反馈给提交合同的业务部门，要求其进一步查实或者先判断拟签订的合同是否还要继续，而此时合同审核法务先不用审核这份合同。这样的分工可以有效提高工作效率，并有目标性地控制风险。

3. 在前文件的审阅

合同审核之前还必须审阅与待审核合同相关的已签订文件，例如，长期谈判中形成的战略合作协议、会谈备忘录、出资承诺书、盈利能力说明函、招商说明书和募集说明书等。

（1）审阅目的。查看这些文件的目的，一是了解整个商务谈判的过程，二是审查在前文件的约定与待签署合同是否存在冲突和矛盾，三是审查待签署合同中是否遗漏了在前文件的重要约定。大家都知道，一个大合同的达成，必定要经历多次谈判和讨论，跨度会比较长，在每个不同阶段都可能会签订一些阶段性的文件，因为不同阶段谈判的重点和要解决的问题都有不同的侧重点，所以最后待签订的合同并不必然和在先文件一致，这就需要将在前文件和待签订合同做对比，对待签订合同的前情做充分的回顾。

（2）基于在先文件的合同调整。在先文件对待签订合同的调整主要包括以下几个方面：

①增加遗漏事项。将在前文件中交易各方已经达成一致的权利义务，但在待签订合同中没有进行约定的部分，在待签订合同中进行补充。

②排除冲突事项。将在先文件和待签订合同中不一致的条款明确约定，消除前后内容不一致之处，排除未来纠纷的可能。

③多份合同同时存在的效力问题。在多份合同同时存在的场合，合同之间的效力会是一个比较大的问题。有的法务同人可能会说，这个问题很简单啊，我可以约定最后一份合同效力最高，与之相冲突的在前合同或者协议都应该以最后一份合同为准。这的确是一个办法，可是并不是所有场合均适用。例如，在中外合资公司的设立过程中一般会先签订合营协议，而后再签订合营公司合同和合营公司章程，上述三个合同签订的主要目的和内容其实是不一样的，无法简单地用后期的合营公司合同或者合营公司章程来取代合营协议。一般而言，合营协议会包含合营双方对建立新的合营公司的商务愿景，例如，成立合营公司的目的是通过建立合营公司成为该行业制造模块的世界工厂，或者是通过整合中国消费资源打造该跨国公司在亚洲东部的销售中心等。合营协议还会包含为达到这种愿景而拟采用的合营方式，在中国改革开放早期，一般都是中方出土地厂房，外方出资金技术，但是中国经济大发展的今天，中外合

营公司的合营双方早已不是原来的合作模式，外方提供技术和管理，中方提供资金和市场的情况越来越多见，反映在合同条款的设计上也更加复杂和多样。因此，合营协议相较合营公司合同、合营公司章程而言更侧重于商业模式的建立和实施。而合营公司合同的内容主要包括基于商业模式来设定各方股东在设立合营公司时的各种义务，不但囊括了最主要的出资义务，还包括市场开拓、生产基地建设、技术量产等多种义务，这些未必体现在合营公司章程中，可以说合营公司合同从内容和合同目的来说与合营公司章程有较大差异，合营公司章程并不能覆盖合营公司合同的所有内容，合营公司合同具有相当明显的独立性。合营公司章程与上面两份文件相比，侧重于对公司治理架构和决策流程的安排，其作用和着力点不言而喻。可以说这三份合同的内容一定会互有交叉、部分重叠，但是从合同定位和合同功能上来说，是相互独立且具有连续性的。如果简单地用最后的文件来覆盖之前所有文件的效力，显然不合适。在这个中外合资公司的案例中最好的办法是让上述三份合同分别承担不同的功能，在不同方面约定双方的履行内容。

有时在签订后续合同的时候需要把前面合同的约定加以对比，保证不冲突，又独立起效。还有一些场合处理方式可能会完全不同，的确需要把之前的合同或协议做一个"了断"，可能需要用最后的合同或协议来替代之前所有的在先文件，这种情况下就要把在先文件中所有有价值的条款和约定归总，放在最后的合同或协议中，并进行更新。有时还会出现在先文件中的当事人已经不是最后合同或协议的当事人了，但还需要承担某些权利义务，那么就可以采取该当事人单独出具承诺书等文件作为最后合同或协议附件的方式来解决。总之，法务必须根据不同的工作情况来完成这项工作。

（二）合同审核意见被采纳需要更多的耐心和必要的妥协

某些法务认为合同审核意见出具给相关部门后就与法务无关了，至于相关部门是否接受，并不在法务的考虑范围内。笔者认为，虽然通常而言，法务在合同审核制度中的定位是建议部门，决策事项留待相关部门和高管完成，但是这并不意味着，法务就没有必要来说服相关部门采纳合同审核意见。

1. 公司内部沟通

合同审核意见只有被采纳后才能发挥其应有的作用，才能达到风险防控的目的，法务在合同审核意见出具后要积极说服相关部门采纳实施合同审核意见。

（1）沟通障碍形成的原因。沟通可能比编制合同审核意见更难。从业务部门角度，法务对合同的审核或多或少影响了业务节奏，延缓了业务落地。从法务角度，法务可能会觉得业务人员谈判能力不够，不能推动合同审核意见落地。双方立场不同，自然带来了沟通的障碍。

（2）沟通要点。法务在推行合同审核意见的时候要因人而异、因事而异。

①对"红线"问题的意见。对"红线"问题，法务一定要强调必须作出调整。法务要告知相关部门经办人，严重的违法行为发生后不但公司作为法人主体要承担责任，经办人和其部门领导甚至分管领导也要作为违法行为的主要负责人承担个人责任，所以不可轻视，必须纠正。

②影响权利义务的条款。对影响权利义务的条款，法务要详细分

析原条款和法务建议条款的区别，做充分的利弊分析，让相关部门人员知道法务为什么要改，改的好处在哪里。值得注意的是，法务在修改条款的时候，一定要考虑交易对方的接受程度，尽量不要出现权利义务非常不对等，对方难以接受的霸王条款。这种霸王条款让相关部门人员去沟通也是不可能有好结果的，白费精力还得罪人的事情谁也不会做。

③避轻就重。在交易双方就合同数项条款发生争议的时候，法务不要太贪心，不要指望所有的条款都要按照己方要求改动。毕竟双方都有自己的利益诉求、行业规则和商业惯例，特别是商务条款一定要尊重和考虑业务部门的意见，不要轻易否定。如果对商务条款有疑问可以多提问、多沟通，在理解的基础上来对条款作出修订。

2. 公司外部沟通

（1）注重"取舍"。法务和外部交易对方沟通同样要注重"取舍"，不应该指望交易对方能同意所有要求，更不要指望交易对方被轻易说服。正常情况下，大家都要为自己的公司争取权益，交易的目的就是赚钱，没有人愿意只承担责任不享受权利。换个角度讲，对合同条款全然不在意，随便对方怎么修改都欣然接受的交易对方，法务要考虑为什么他们会这么好说话，这种全力配合之外是否有某种骗局？任何成功的交易如果要达成，双方都必须要做一定的让步和妥协，可以说"不妥协无合同"，在合同条款上特别苛刻的一方，我们只能理解成他并不是真的想达成交易。

（2）分清主次。法务在修订条款的谈判中，一定要分清主次，对于原则性的问题是一定要坚持的，但是对于某些让渡部分权利、牺牲部分利润的情况要根据具体情况请高管决策，无关紧要的小问题，如描述方式、合同版式可以尊重对方的选择，不用过于计较。

（3）语气平和，循序渐进。有的时候法务一参加谈判就会出现全场肃静、气氛降到"冰点"而后谈不下去的情况，出现这种情况，一方面，也许是因为有些法务性格上比较强势、气场上比较尖锐、沟通方式比较咄咄逼人，让谈判对方有点不好接受，内心并不太喜欢；另一方面，也许是因为法务在修订条款方面的想法大而全，要求太多，让对方吃不消。其实，无论是内部沟通还是外部沟通，法务始终要牢记自己的目的是游说对方采纳合同修改意见，从而能够使合同成为一个相对公平和互惠互利的载体。因此，需要法务在沟通时语气平和，循序渐进推动谈判想法落实。

四、涉外合同审核的特殊性

涉外合同是我国法律上的一个特定概念，是指合同当事人、合同标的、合同变动的法律行为等因素中含有跨境因素，可能是合同当事人一方或几方是境外法人或自然人，也可能是交易行为发生在境外，还可能是合同所涉及的货物、服务、证券或权利事项处于境外。由于合同上述关键组成因素跨境了，因而所涉及的法律必然包括不同国家的法律，可能分属于不同法律体系，这就成为涉外合同审核的最主要的难点；同时涉外合同往往以非中文书写，语言障碍也是主要的合同审核难点。

常见的涉外合同类型为国际货物买卖合同、境外项目并购协议、境外房地产买卖合同、境外工程建设合同等。此外，如果从合同履行的地点来看，可以分类为履行地基本都在境外的合同和履行地跨境的合同，前者如境外公司并购合同，后者如国际货物买卖合同。

法务精通公司业务涉及的所有国家的法律基本是不可能的，即使法务在某一个特定国家完成了法律学习取得了当地的律师职业资格也无法全部覆盖涉外合同的审核业务，所以涉外合同聘请特定合同履行地的外部律师来审阅是比较适当的做法也是目前较通行的做法。基于此，本部分在对涉外合同审核的要点进行讨论时主要从法务对涉外合同整体把关和审查的角度来结合案例进行阐述，而不是从合同审核的具体技巧来讨论。

（一）涉外合同的背景调查

加强境外主体的审核，主要是为了防止和空壳公司、诈骗公司发生交易。

举个例子 INSTANCE

以货物买卖合同为例，无论是进口还是出口，一定要杜绝与没有支付能力的"空壳公司"交易。曾经有一家境内的甲公司要向境外某国采购大宗物资，该物资是该国储备较大的金属。当时，该国的一家贸易中间商向甲公司介绍了乙公司，并带领甲公司的员工参观了乙公司，甲公司员工了解到乙公司是一家当地实力很强的分销商，所以甲公司领导拍板要从乙公司购买货物。于是，很快就签订了国际货物买卖合同，并支付了预付款，但是交货期过了一个月，无论甲公司如何催促，乙公司一直都没有交货，再找贸易中间商时，贸易中间商也开始"玩失踪"，后来从同行那里得知乙公司已经破产。

甲公司老板百思不得其解，这么厉害的一家公司怎么说破产就破产了呢，再把合同拿出来仔细一看才发现，和甲公司签订合同的对方根本就是"李鬼"而不是"李逵"。和甲公司签订合同的公司名字为"D international trade Ltd."，但是当时甲公司的员工去参观的公司名字为"D international trade Inc."。当时因为甲公司的员工已经实地参观过乙公司，所以在签订合同前根本就没有做相应的资信调查，也忽视了公司名称上的微小差别，没想到合同对方已经被调包，后经过境外当地律师的协助，调取"李鬼"公司资料，才发现这是一家私人小型公司，投资人并非本国人，在当地也没有资产，信用等级相当低。甲公司为了挽回损失只能向当地警署报案，要求对"李鬼"公司和贸易中间商提起合同诈骗立案。除了这种移花接木的手法外，利用处于第三国的没有资产、没有业务的"空壳公司"签订合同的情况也时有出现，这些空壳公司并不全是骗子公司，其行为也不一定是诈骗，但是一般空壳公司的履行能力较低，这种公司作为交易对方风险较高。

小提示

　　法务对于交易对方有意识地把货物接收方和货款支付款分成两个主体的合同，一定要加以关注。此外，对于谈判时是大集团出面，签订合同时却是海外子公司作为主体的合同也要提高警惕，多问一个为什么。国内专门从事跨境业务的公司都有一套对境外公司的信用调查流程和办法，一般是通过境外律师事务所、行业协会、银行、咨询机构和商会等机构开展的。我国专门从事出口信用保险调查的是中国出口信用保险公司，在多年的承保过程中，其积累了很多境外公司的数据，在世界主要城市也有办事机构，如果境外公司和该保险公司有业务往来也可以通过其查询和验证境外公司的资信情况。同时，可以通过我国外派使领馆了解上述信息。此外，德勤等四大会计师事务所因为在全球的分支机构众多，业务覆盖的地区和公司众多，委托其做相应的境外调查也是不错的思路。

（二）涉外合同的工作惯例

以英美合同为主要代表的涉外合同特点比较鲜明，法务首先要把握其合同特点及其所反映的法律价值取向，从而掌握其主要精髓，找到合适的工作机制并作出合适的反馈。下面聊聊几种常见的涉外合同处理办法。

1. 合同篇幅特别长，怎么办

涉外合同内只要和交易有关的事项，事无巨细都会详细书写在内，往往几十页的合同不算长，几百页的合同刚刚好。

造成这一现象的原因有两点：一是大陆法系有大量的成文法，成文法法条对交易中的很多情况作了描述和规定，即使合同中不书写这块内容、不进行描述、不引用这些法条，也不会导致合同内容的缺失，大家都会按照成文法法条来理解和适用；但是英美法系以案例法为主，如果合同中不对所有情况做完整表述，不把所有可能性进行约定，不就合同履行的每个细节加以规范，那么就可能在纠纷出现并且双方达不成一致意见时找不到适用的条款和准则，最后会带来旷日持久的扯皮和诉讼。二是强调当事人充分自治，双方对交易中的事项有充分的决定权，小到定义、大到条款都可以"私家定制"，合同双方往往通过多次谈判才能确定合同基本内容，合同条款也随着谈判次数的增加而不断增多，最后签订的时候条款数量已经惊人。

面对这种情况,法务一定要注意不要被淹没在这片合同之海中,可以请外部律师列举出重要的商务条款和法律条款,在内部决策的时候先把重要的商务和法律条款求得共识,再由外部律师来具体处理其他法律条款。

2. 合同用语晦涩难懂,怎么办

国内合同用语并不要求一定要用标准的法律用语,即使是大白话,只要把意思讲清楚了,也可以达到合同目的,但是涉外合同中往往充斥了大量的复杂从句,甚至从句套从句,让人很难明白条款的真实含义,而其中不但包含了大量的法律术语,更含有一些拉丁文、法文、德文甚至是希腊文等不同文字,让人十分头疼。如果法务不是很精通这些,建议不要自己去猜测,这些法律用语在特定的法律环境中是有特定含义的,同一个英语单词在不同的合同中并不一定代表同一个法律后果,往往会"差以毫厘,失之千里",建议交由当地合同律师做专门性处理。

3. 合同固化现象比较普遍,怎么办

在长期的商业活动和法律实践中,涉外合同在不断地发展、变更和优化,目前常见的商业交易种类所对应的合同已经固定为比较成熟的版本,这些合同都具有逻辑性强,合同结构和条款设置精准的特点。此现象的优势是合同条款中所分布的法律要点和权利义务设计相对比较固定,法务可以利用这种特点快速把握其合同要旨。同时,法务也要注意收集不同商业交易的通用合同版本,在具体商业交易发生时,与交易对方提供的版本做对照,查看对方提供的版本是否缺少了关键或特定的主要条款,或者在条款设置和权利义务设计方面有无偏颇之处。笔者就曾经遇到一位境外律师代表交易对方向我方提供了一份资产购买协议,并声称是一份通用的资产购买合同版本,但是笔者与该国其他律师提供的同性质合同版本一对照,才发现上述律师提供的合同版本已经删除合同提供方的大量的义务,但是增加了笔者所在公司的大量的义务。

4. 争议解决以仲裁为主

国内合同关于争议解决的约定,诉讼和仲裁方式可能是不分伯仲的,但跨境交易中,纠纷解决方式一般以仲裁为主。很多国家都参与签订了《承认及执行外国仲裁裁决公约》(《1958年纽约公约》),不同国家和地区的仲裁裁决都可以在很多国家得到承认和执行,而通过法院诉讼的判决却不像仲裁裁决的承认和执行那么方便,受到的限制和要求会更多。目前,在我国和境外主体签订的涉外合同中出现的比较主流的国际仲裁机构有国际商会仲裁院(ICC)(该院目前在中国上海已设立办事处)、香港仲裁中心(HKIAC)(该仲裁中心已入驻上海自由贸易试验区)、新加坡国际仲裁中心(SIAC)(该仲裁中心也已入驻上海自由贸易试验区)、英国伦敦国际仲裁院(LCIA)、瑞典斯德哥尔摩仲裁院(AISCC)等。

(三)涉外合同审核要擅于发问

法务在审核涉外合同时最关键的是要发现问题,这就要求法务在和外部律师一起处理涉外合同时一定要善于提问、勤于提问,只有把问题提出来才能看到风险、帮助决策。

举个例子 INSTANCE

一位中国商人拟购买美国一处项目工地的一部分土地,该中国商人购买该资产的目的是在美国建立高端纺织厂,其购买行为只是投资行为的前期工作，并不是单纯的买方，而具有特殊目的。基于此投资意向，美国卖方公司提供了一个买卖合同，买卖合同的主文主要包括以下七个章节：第一章标的和购买费用；第二章检验和成交条件；第三章产权和土地测量检查；第四章成交；第五章比例分配和成交价格；第六章承诺与保证；第七章附则。

  该中国商人的法务人员在了解领导投资用意后开始初步审阅买卖合同并向外部律师提出了几个关键问题，并通过对问题答案的分析来进一步论证美国特有的交易模式与本公司商业模式的匹配度。法务人员发现，买卖合同中除了必需的合同当事人买方、卖方外，还有其他主体——结算代理人和托管代理人/产权公司。据此，法务人员提出的第一个的问题就是与合同主体相关的问题，即结算代理人和托管代理人/产权公司是否必须为本合同的主体？其在合同中所进行的代理行为和交割行为是否应该另行签订协议？

  法务人员在审查合同第一章的时候发现合同对购买价格这样表述"成交时应以现金方式支付 20 000.00 美元"；同样地，对于定金也使用了如下的表述方式"全部 43 600 美元的定金应以现金方式存入"。据此，法务人员提出了第二个问题，即定金的钱款性质、交给代理公司的目的。同时，基于现金交易的特殊性，法务人员提出为什么交割时一定要以现金方式完成，其主要目的为何？这种方式是否符合美国交易惯例，是否符合监管要求？

  在价格条款中，法务人员发现合同要求"仅在以下情况下，买方应在成交时支付给卖方购买价格 6% 的佣金"，在买方已支付价款的前提下，为什么卖方还要收佣金，对此法务人员感到困惑，希望外部律师对此作出解释并论证其合理性。

  法务人员对于物业的描述条款本身没有提出疑问，但是希望外部律师可以在当地进行核查，对照物业的实际情况和合同条款描述是否一致。

　　法务人员提出的第五个问题是关于物业产权的问题，因为法务人员在合同中发现了一个重要条款，该条款要求买方认可卖方的"二房东"地位，条款表述为"买方在此知悉卖方是另一合同项下不动产的合约买方，并且卖方保证卖方为与此不动产记录所有人达成的关于购买此不动产的有效且有约束力的合同（收购合同）的一方，卖方同时保证收购合同持续有效并且在此收购合同项下并不存在任何违反的承诺与保证，或者存在任何违约事件"。对于此种情况，法务人员提出了如下疑问：根据本条款可以发现，现在的资产出售方并不是原始的产权人，现在的资产出售方正从原始产权人处购买资产，并且交易行为尚未完成。那么如果资产出售方与原始产权人的购买合同解除，我方的权利应如何保证？同时，法务人员要求外部律师在充分考虑购买方的资金成本等因素的前提下，设计合适条款以保证资产出售方在无法获得物业情况下应对购买方承担相关的违约责任。

　　合同的第二个章节主要是对物业的检验和交付情况的约定。法务人员对于尽职调查的效果提出了要求，即要求尽职调查的主要目的除了产权调查、法律调查外，还应对物业情况和后期开发建设的匹配度进行判断；同时对于在检验期的具体时间内是否能完成对土地房屋情况的调研提出了质疑。由于对物业的检查既是买方的权利又是买方的义务，而所有检查行为和方式都要符合当地法律和要求，所以法务人员针对检查条款提出了相关问题，即"允许的检查方法有哪几种，对于基础设施的检查如何进行，在委托专业验房机构的情况下，允许的破坏性检查到何种程度？"因为合同条款中对于产权检查和产权异议、土地测量检查及异议均由专业机构来完成并需要购买一定的保险产品，所以法务人员要求对方律师一并提供美国土地产权协会（ALTA）产权证明、业主所有权保险政策、任何一个产权契约的复印件等相关文本和费用清单，并要求外部律师核查其费用的合理性，以及自行聘用非卖方推荐机构的可能性。

此外，因为合同约定了破坏性检查后需要对物业进行恢复产权及土地测量异议的补救，法务人员就该程序的具体操作要求外部律师给予权衡，并增加对于检查后发现物业不符合卖方描述或者不符合购买目的的情况下双方责任以及合同处理。

法务人员还特别提出在现有卖方未能从原始产权人处取得房屋的情况下，买方损失如调查费用、已支付款项利息等应如何弥补？

该买卖合同设置了卖方的相关交付义务，包括交付契据、销售单、外国人投资不动产法文件、授权文件和额外文件。同时，对该五项文件内容进行了解释：契据是一种特殊的保证契约，仅以契据所载明的条件将善意且不可废除的完全所有权转让给买方；销售单是一种无追索权的、将标的不动产原封不动地转让给买方的产权转让契约；外国人投资不动产法文件是指外国人投资不动产税法下由卖方出具的附誓言书面证词；授权文件是指存续证明、组织证明、卖方授权文件以及代表卖方签订合同的个人授权文件，此类文件必须得到买方及产权公司的同意；额外文件是指考虑到买卖协议，任何买方或者产权公司为了完成交易所提出的合理要求的文件。法务人员认为合同中并没有对卖方无法完成上述义务时应承担有关责任的约定，故请外部律师予以增加相应条款。

对于买卖合同中买方的承诺和保证条款主要涉及以下三点：第一点授权（买方保证其具有签署并履行本协议所要求的全部权利及

授权）；第二点冲突和未决诉讼（买方保证不存在买方作为一方或就其已知而言所缔结的任何约束买方的合同与本协议存在冲突，同时，买方保证不存在任何未决诉讼，或就其已知而言任何可能威胁，此类诉讼或威胁可能质询或损害买方签署或履行本协议项下义务的能力）；第三点买方承诺自己已经完全了解情况，不会以任何理由来解除合同并对卖方作出追究的承诺。法务人员对上述第三点买方义务提出重大质疑，认为卖方相当于利用上述条款免除了自己的所有责任，对买方不公平，需要对该条款进行调整。

小提示

从上述案例可以看出，境外律师不了解中国买方的商业目的和商业习惯是大概率的事情，对于中国买方所关注的相关要点也往往无法准确捕捉，所以法务要对关键点通过提问的方式来使境外律师关注到、理解到中国买方的诉求，同时通过沟通和分析，把中国买方的诉求用合同的方式进行表述，并向对方争取更多的谈判机会、取得平等的谈判地位和较好的谈判结果。

涉外合同的审核能力需要长期学习和练习，上文内容只是较为浅显地提及这项工作而已，笔者推荐下列书籍，建议读者研读后再加以实战练习，以便增强自己涉外合同的审核技能。

主要推荐的书目：
《英语合同阅读与分析技巧》（范文祥著）
《英语合同阅读指南》（乔焕然著）
《英语合同解读》（王辉著）
《美国合同法精解》（杰费里·费里尔、迈克尔·纳纹著）
《合同与法律咨询文书制作技能》（吕立山、江宪胜著）

目前，还有一些外资律师事务所的律师在国内办了法律英语和英文合同审核的相关课程，授课的境外律师基本在中国有业务，与在境外执业的律师相比，他们更能领会中国文化、更了解中国社会情况、更关心中国公司的战略动态、更熟悉中国法务的工作情况，读者可以去参加上述活动，精进业务能力。

五、合同动态管理

严格来讲，合同的动态管理并不属于合同审核的内容，但是要把合同审核的风险防范作用发挥到最大，光靠对合同的书面审核是不够的，公司还要有一套完整的合同管理制度来推动合同审核意见的落实，来对合同进行动态的管理。一般而言，可以通过建立合同管理制度，明确不同部门合同管理责任，落实合同档案工作等来完成合同管理事项，关于这项内容笔者已经在《法务之道——职业定位、核心技能与职业环境》一书中进行了详细讨论，本部分拟介绍合同的履行、变更等实施情况的动态管理。

（一）严格按约履行

1. 不按约履行的原因和后果

不按约履行是指在合同签订后，就把合同扔在一边，无论是行使合同权利还是履行合同义务都不按照合同约定来处理。

法务最不愿意看到上述情况，脱离于合同的履行，很有可能构成对合同的实际变更，不但架空了合同，还会实际影响公司在合同中的权利。如果双方产生争议，进而又形成案件的话，往往会在诉讼中导致公司的权利得不到很好的支持或者被否定。出现此情况的主要原因是合同执行人员没有按约履行的意识，同时不清楚合同变更的概念，对合同变更后的法律后果也不清楚，对于不按约履行的法律性质和法律后果也一无所知。

2. 如何按约履行

（1）树立按约履行的意识。法务可以通过培训的方式或者制定按约履行指南等文件来告知合同执行人员的合同履行技巧。

法务可以梳理并制作《合同履行 50 问》等小册子帮助学习熟悉合同按约履行的技巧，这类小集子可以收集一些合同履行过程中的常见问题供参考，以下是问题和回答的示范。

~ 小示范 ~

问题 1：合同签订好后，对方不发货该怎么办？

回答：找到合同条款中关于交货的条款，先看是否要书面或邮件发函催促，再看违约责任条款中是否有相应处理办法，如果要书面发函，请注意保留发函证据。

问题2：不按照合同条款中规定的时间来做事会怎么样？

回答：在合同中有一些条款有行使的时间要求，如果不在规定的时间内行使可能会造成权利的放弃或者对方拒绝履行义务，因此，一定要在条款规定的时间内行使。

问题3：哪些行为属于对合同原条款的变更？

回答：如果合同条款规定对方在5月1日前交货，结果对方没有按期交货，同时发邮件来问是否可以7月1日交货，如果我方回复说可以，那就是实际变更了合同中关于交货时间的约定，如果不回复也有可能造成对交货时间更改的默认。

问题4：就合同履行回复对方邮件时有哪些注意事项？

回答：大的原则就是要和合同原来条款约定的一致；对方如果声称我方质量有问题等对我方不利的情况，不要在邮件中予以承认，应该至现场检验后再下定论；同时，要有证据意识，写邮件时要考虑你的邮件是否会成为对方起诉的证据。

（2）分解合同约定的履行方式，要求不同部门熟悉履行条款并予以落实。一份合同的履行可能会涉及不同的职能部门，例如，支付条款由财务部门进行操作，把合同中的支付条款和相对应的违约责任分解给财务部门，由其按约履行；检验条款由质量部门和采购部门来负责落实，具体的检验程序、检验标准、质量异议时间和质量异议程序条款等分解给这两个部门，特别是质量异议等事项具有严格的时间要求，如果不按约定的时间履行，往往会导致权利的丧失。

（3）建立按约履行责任人制度。合同的正确履行必须要有人全程跟进、持续负责，合同发起部门的经办人就要作为合同履行的责任人和牵头人，在合同不同阶段起到衔接和沟通的作用，并按照合同约定的时间和方式履行合同权利义务。法务要对各个部门内勤或者负责发起合同的相关人员进行充分的合同履行培训，使其具有一定的合同法律知识和应对意识。

（二）合同变更的应对

俗话说"计划没有变化快"，合同的实际履行也许正是这样，合同签订时的条款也许会因为商业情况的变化而需要变动，但是不同的变更会带来不同的法律后果，法务要在公司合同动态管理中重视合同变更的管理，把风险降到最低。笔者在这里讲的合同变更并不是法律上的术语，而是把原合同的变动统称为合同变更，据此可以把合同变更的情况简单地分为个别条款的变更、合同整体的解除和提前终止这两类。

1. 个别条款的变更

针对个别条款的变更，首先要评估拟变更条款和原条款在权利义务方面的差距。主要判断己方是否会因此多承担相应义务，多增加的成本是否可以预计，大致为多少。在上述问题求得答案后需要将待变更的内容通过补充协议或者其他书面方式进行确定。变更事项要经过一定内部审批程序，可以按照原合同的审批路径进行审批并分解至相应办理部门。

某些特殊的合同在变更的时候要按照特定行业规则来办理，例如，建设施工合同在履行中，如果有超出合同原约定范围的工程量的变动、工期的顺延或其他方面的变动事项，那么就要用"工程签证"的方式来完成，有时也叫签证单、技术核定单或者业务联系单等，而该单据一般需要施工方、监理方、设计方和发包方同时签署才具有法律效力，并需要根据各方拟定的签证程序完成审批及后期工作修订。

2. 解除、提前终止等整体性的变更

此种情况需要谨慎对待，审慎行事。

（1）对方提出的情况。对方提出要解除或提前终止合同的，要先审核对方的解除理由的合法合理性。如果对方因为己方存在严重违约行为，而根据法律或合同的确具有合法解除合同的权利，那么要判断己方需要承担的违约责任大小以及承担方式，同时要寻求积极谈判，争取以最小的代价解决问题。如果对方没有正当理由就擅自解除合同或者其理由不充分，不足以支撑其解除合同的，那么就要考虑应该用何种方式来维护己方的权利，是主动解除该合同要求对方赔偿损害或承担违约责任，还是要求对方履行原合同并承担违约责任；同时，是否需要通过诉讼或仲裁的方式来维权也是需要考虑的内容之一。

（2）己方提出的情况。对于己方要求解除合同的，法务要与提出解除合同的主导部门做细致沟通，了解其解除合同的原因和背景。更重要的是要分析己方是否有合法合理解除合同的理由，如果有，那么按照合同约定应如何具体来行使；如果确实没有，那么就应该分析在被认定擅自解除合同的情况下，己方应该承担何种法律责任、何种声誉损失等，充分权衡利弊再做解除决定。如果己方和对方发生争议或纠纷，法务要及时参与，促进双方通过协商解决，并将协商方案通过签订补充协议的方式予以落定；对于无法协商解决的，在合同履行谈判中更要注意保留证据,并及时行使合同约定的权利。

合同审核这一章到这里就要告一段落了,其实,合同审核的广度和深度远远超过上文的内容,可能一个法务要经历"看山是山—看山不是山—看山还是山"的不同阶段才能发现合同审核的真谛,可能要审阅过上千份合同才能从感性的审核经验上升到理性的审核技巧。笔者认为合同审核这件事情更多的是需要法务自带热情、自带耐心,把枯燥的合同审核过程演变为法律综合能力的修炼,最重要的是要长期保持对合同的新鲜感和使命感。如果现在读者正处于合同审核过程的瓶颈期、平台期,那么笔者就要恭喜您了,说明您马上就要在原来的水平上得以突破,化茧成蝶。

第二章 诉讼、仲裁

诉讼、仲裁是法务的主要业务之一，法务在日常工作中遇到的诉讼、仲裁类型会比较多，民事、刑事和行政案件以及商事仲裁都较为多见。本章以民事案件来展开对相关问题的讨论。

一、解决纠纷是法务的必备技能

无论是外资公司还是民营公司，无论是国有公司还是合伙企业，无论是大型集团公司还是小型实体公司，不发生诉讼、仲裁的可能性基本为零。因此，熟练掌握诉讼、仲裁处理技能是法务的必修课。

（一）法务常见的诉讼类型

在法务工作中出现频次比较高的案件主要有以下类型。

1. 民事案件

法务在日常工作中，主要会遇到以下类型的民事案件：

（1）物权确认纠纷、财产损害赔偿纠纷、担保物权纠纷、质权纠纷、留置权纠纷；

（2）合同纠纷（合同纠纷是公司经营中可能出现的最大类型的纠纷类型，其二级案由多样，因篇幅所限在此不一一列举，但法务应熟悉所有合同纠纷的案由以迅速掌握纠纷的法律关系）；

（3）注册商标合同纠纷、注册商标权属侵权纠纷；

（4）不正当竞争纠纷、垄断纠纷（此为近几年逐渐多见的案件类型）；

（5）劳动争议；

（6）海事海商纠纷（属于比较专业性的纠纷类型，为远洋运输、船舶制造等行业的主要纠纷类型）；

（7）与公司有关的纠纷（该类纠纷囊括了公司设立、股权、股东利益、公司利益、公司分立、公司减资、公司增资、公司解散、公司清算、上市公司收购等各种类型）；

（8）与破产有关的纠纷（此类纠纷在消灭僵尸公司的进展中，日益增多，《企业破产法》不再是冷门法律，而是需要法务掌握的日常知识）；

（9）保险纠纷（主要表现为公司经营过程中的财产保险理赔纠纷）；

（10）产品责任纠纷；

（11）婚姻纠纷（主要基于公司股东为夫妻关系，在离婚时的财产纠纷），继承纠纷（主要基于公司股东死亡后股权发生继承情况的纠纷）。

2. 刑事案件

法务在日常工作中，主要会遇到以下类型的刑事案件：

（1）与虚假出资有关的刑事案件，例如，虚假出资罪、抽逃出资罪等；

（2）与产品质量有关的刑事案件，例如，生产、销售伪劣商品罪；

（3）与财务事项有关的刑事案件，公司中最常见的是逃税罪、虚开增值税专用发票罪；

（4）与公司管理人员有关的刑事案件，此类案件以公司高级管理人员犯罪为主要形态，也俗称为"白领犯罪"，例如，国有企业工作人员的受贿罪（一般情况的商业贿赂也是打击重点），一般公司或其他单位工作人员的挪用资金罪、职务侵占罪（多发生于股东占用公司财产的情况）；

（5）与资本市场有关的刑事案件，例如，内幕交易罪、违规不披露重要信息罪等；

（6）与集资有关的刑事案件，例如，非法吸收公众存款罪；

（7）与知识产权有关的刑事案件，多以侵犯他人商标权、专利权案件为主，例如，假冒注册商标罪、假冒专利罪等。

3. 仲裁案件

法务在日常工作中，主要会遇到以下类型的仲裁案件：

（1）国内商事仲裁案件，受理这类仲裁案件的仲裁委员会以中国国际经济贸易仲裁委员会和各地仲裁委员会为主，由于不同仲裁委员会的仲裁规则各不相同，因而法务需要熟悉常见的仲裁委员会的相关规则；

（2）国际商事仲裁案件，国际上比较主流的仲裁机构有国际商会仲裁院（该院目前在我国上海已设立办事处），香港仲裁中心和新加坡国际仲裁中心（这两个仲裁中心均已入驻上海自由贸易试验区）；

（3）劳动仲裁案件，这类案件在不同城市的劳动仲裁委员会审理，该仲裁委为大量的劳动争议处理的专门机构。

对于法务是否要熟悉诉讼、仲裁业务，笔者在实际工作中曾遇到两种观点：一种观点认为"法务可以不熟悉诉讼、仲裁，只要请外部律师处理就行了"，另一种观点认为"公司诉讼、仲裁业务很少，暂时不要熟悉该业务"。笔者认为上述两种观点都是比较片面的，笔者的观点恰恰相反，即使诉讼、仲裁业务由外部律师代理，法务也应该熟悉并主导该业务，而不是把诉讼、仲裁业务全部交给外部律师办理。同样，即使公司目前的诉讼、仲裁业务很少也不应该不熟悉该业务，无论何种类型的公司，不发生诉讼、仲裁的可能性基本为零，笔者建议法务要常关注司法案例，它是日常法律工作的重要指导。下面我们就来分析论证以上观点。

（二）法务应主导案件

笔者曾因为某案件的办理和一家公司的法务取得了联系，她对于公司案件的态度让笔者大吃一惊。该案件中笔者代表的公司是案外第三人，并不持有案件的相关材料，也不了解案件的实际进展，于是笔者就找到了上述公司的法务。该公司在上述案件中是原告，笔者想得到相关案件情况，但该法务仅简单告诉我该案件在哪个法院受理，目前已经开过一次庭，其他情况她并不了解，其理由是该案件由外部律师代理。笔者请求查看一些案件资料，如诉状、证据等，该法务为难地说没有保存这些诉讼资料，所有诉讼资料都在外部律师那里。

虽然案件由外部律师来担任案件代理人，但是公司法务还是应该对诉讼、仲裁业务保持相当高的熟悉度，并全方位地控制案件。法务在诉讼、仲裁案件中，对公司内部是要承担责任的，因此，负有主导案件走向和控制案件质量的义务。那么，法务应如何主导案件呢？

1. 确定案件基本方案

法务应对原告如何设置、诉讼请求如何表述、事实和法律部分是否依据充分、证据材料是否到位、费用成本如何控制以及管辖选择是否合适等内容与律师进行讨论。

法务可以要求不同的律师事务所对同一案件出具各自的诉讼或仲裁方案，通过比较不同的诉讼方案，综合选择最优的诉讼或仲裁方案。比较忌讳的做法就是对外部律师提供的诉讼或仲裁方案不假思索地全盘接受，不对其进行审查和选择。能够走到要用诉讼或仲裁方式解决的案件无论从事实的复杂性和纠纷的性质而言，肯定是存在较大争议的，可能不同律师的主要观点都有差异。法务要用自己的专业知识来分析论证案件方案，最终确定法律上风险最低、最匹配公司诉求、实施效果最好的方案。

2. 决策关键法律事务

外部律师可以代为参加诉讼、仲裁，但是诉讼中各种法律决策，外部律师是无法代替公司拿意见的，例如，是否要追加第三人、追加被告、申请延期审理、庭外和解等。在证据的质证意见方面也是如此，外部律师一般都会基于证据的合法性来发表意见，但对于证据所反映的事实情况、证据的细节和真实性等问题仍然需要案件当事人来核实和论证，法务至少应给予外部律师整合质证意见的基础内容。在很多案件处理上，外部律师会给出一些参考意见和倾向性意见，但是外部律师因为没有法务那么深入了解案件事实和当事人诉求，对于这些待决策事项的出发点不一定完全符合公司的诉求，对上述法律事务就应该由法务作出合理的决策，当然，对于重大问题的决策还应该根据公司管理制度上报公司管理层决定。

3. 考评外部律师工作

法务在诉讼、仲裁案件的进展节奏上要起到控制作用，在外部律师代理的勤勉性上要起到督促作用，在重要的代理思路方面要起到质量管控作用。作为公司法律事务管理的一部分，法务自然还要对外部律师的工作作出公平、客观的评价。

4. 案件结案后的反思与改进

诉讼、仲裁案件结案后，法务需要总结案件经验，以此来指导公司法律风险防范和合同的履行。案件办理过程中会集中暴露一些公司管理的问题和漏洞，法务在案件结束后应及时查漏补缺，加以总结并发出相应的法律意见书，排除风险，杜绝类似问题再次发生。

二、梳理思路的好工具

现实生活中的案件远比小说精彩，不但人物繁多、主体关系复杂、法律事件频发，而且对照法律条文，往往会出现跳出法条之外的现象，法务新手对于纷繁复杂的案件情况，常常会被淹没在案件情节中，而无法找出案件的事实脉络和法律特征，更不要说确定案件的法律关系、找出准确的争议焦点并适用法律条款了。要解决上述问题，推荐使用下列小工具——案情时间表、案件审理时间表、法律关系图，在对具体案件分析时用上这几个小工具，一定能找到"肯綮"所在。

（一）案件时间表

顾名思义，这个小工具就是把案件中的具体事实按照时间顺序进行排列，从中找出时间发展轨迹并帮助作出法律判断。其具体包括案情时间表、案件审理时间表。下面我们以最高人民法院民事审判第二庭2014年编纂的《合同案件审判指导》中"鞠某全、鞠某辉与雷某杰股权转让协议纠纷案"为例，来说明如何编制和使用案件时间表。

> ### 📝 基本案情
>
> 鞠某全、鞠某辉与雷某杰股权转让协议纠纷历经一审、二审和再审程序。一审程序中雷某杰（买方）是原告，鞠某全、鞠某辉（卖方）为被告。二审程序中，双方均上诉。再审程序中，鞠某全、鞠某辉为再审申请人，雷某杰为被申请人。
>
> 双方之间的基础法律关系是2007年1月18日签订了股权转让协议书，这份协议书主要内容包括：第一部分，将金马公司股权分两次转让给雷某杰：先将鞠某辉持有的23.86%的股份转让给雷某杰，转让价为240万元（平均约10.06元/股），雷某杰需在协议签订后三个工作日内将款项打入金马公司账户；后将鞠某全持有的36.14%的股份转让给雷某杰，转让价为363.6万元（平均约10.06元/股），雷某杰需在2007年2月7日前将股权转让金打入金马公司账户。股权转让完成后，鞠某全、雷某杰修改公司章程并向工商部门办理变更登记，双方股东对公司注册资本金出资比例为4：6（即鞠某全402.4万元、雷某杰603.6万元）。第二部分，上述权利义务所对应的违约责任：若雷某杰不能按照该协议约定的时间支付股金，鞠某全有权解除本合同，并有权要求雷某杰支付违约金50万元；若鞠某全违反本协议约定或提供资料虚假，雷某杰有权解除本合同，有权要求鞠某全退还已支付的股金和项目投资，并有权要求鞠某全交付违约金50万元；若鞠某辉违反本协议约定或提供虚假资料，雷某杰有权解除本合同、有权要求鞠某辉退还已支付的

股金和项目投资，并有权要求鞠某辉支付违约金50万元。

双方之间实际发生的合同履行事项为：关于付款，2007年1月25日，鞠某全、鞠某辉收到雷某杰所付第一笔款240万元（按协议该笔付款晚于约定日，但鞠某全认可此付款并不予追究）。第二笔363.6万元未按约支付，证据显示，鞠某全以身体不好为由，要求付款延期至2007年2月9日。2007年2月9日中午，雷某杰前往鞠家要求付款被拒绝，鞠某全以雷某杰第一次付款迟延为由拒绝收取第二笔支付款。

然而，与此同时，鞠某全、鞠某辉的股权发生了"一女二嫁"的情况：2007年2月6日，李某美与鞠某全、鞠某辉就购买金马公司股权分别达成协议，其中约定：李某美必须在2007年2月8日前分别将鞠某全、鞠某辉的股权转让款564.8万元和240万元存入金马公司（2007年2月8日李某美给付鞠某全、鞠某辉800万元）。上述双方又于2007年2月8日签订股权转让协议并约定：鞠某全、鞠某辉现将南宫市金马房地产开发有限公司80%的股权（包括其已在开发建设的"南宫市锦绣花园"项目和土地使用权等）转让给李某美，转让后公司法定代表人由李某美担任；双方共同认可公司股权总价为1210.48万元，鞠某全、鞠某辉转让给李某美80%的股权成交价为14 483 840元（平均约18.10元/股）。该笔交易的履行办理的十分快捷，同日，李某美给付鞠某全、鞠某辉股权转让款（首付款）800万元。次日，鞠某全、鞠某辉将自己80%的股权转让给李某美，并变更法定代表人为李某美，在河北省南宫市工商局办理了变更登记手续。

鞠某全、鞠某辉高价出售股权给李某美后，即着手与雷某杰解除原股权转让协议，2月12日三方拟签订一份协议书，其中约定：同意中止于2007年1月18日三方签订的合作协议书，鞠某全、鞠某辉退回雷某杰已交股金240万元，并支付雷某杰补偿金10万元，该协议自三方签字之日起生效。但是雷某杰收到鞠某全、鞠某辉退回的股金240万元后，仍在协议书上签字"不同意"。

案情时间表

表2-1 案情时间表

时间	事件	主要内容	相应证据
2007年1月18日	雷某杰与鞠某全、鞠某辉签订协议书（第一份股权转让合同）	1. 鞠某辉将金马公司23.86%股份转让给雷某杰，转让价为240万元，雷某杰在协议签订后三个工作日内付款； 2. 鞠某全将金马公司36.14%股份转让给雷某杰，转让价为363.6万元，雷某杰在2007年2月7日前付款； 3. 股权转让完成后，双方共同办理工商变更登记，股比比例为4:6	协议书
		1. 雷某杰不按约付款，鞠某全可解除合同，雷某杰必须支付违约金50万元； 2. 鞠某全违约或提供资料虚假，雷某杰可解除本合同，鞠某全必须退还已支付的股金和项目投资，并支付违约金50万元； 3. 鞠某辉违约或提供资料虚假，雷某杰可解除本合同，鞠某辉必须退还已支付的股金和项目投资，并支付违约金50万元	协议书

续表

时间	事件	主要内容	相应证据
2007年1月25日	付款	雷某杰支付第一笔款240万元。协议交款日为1月23日前,实际于1月25日支付,延期支付2天,鞠某全已收此款并谅解延期	收款凭证、公证处笔录、公证书
2007年2月6日	股权另售("一女二嫁")	山东夏津县华夏房地产开发有限公司董事长李某美与鞠某全、鞠某辉就购买金马公司股权分别达成协议,其中约定:李某美必须在2007年2月8日前分别将鞠某全、鞠某辉的股权转让款564.8万元和240万元存入金马公司	协议书
2007年2月7日	第一份股权转让合同第二笔363.6万元付款日到期	鞠某全以自己生病发烧为由,将付款时间推延至2007年2月9日	公证处公证书、中介人马某华的证明、雷某杰收到鞠某全的短信和雷某杰回复的信息
2007年2月8日	付款	李某美给付鞠某全、鞠某辉股权转让款800万元	收款凭证
2007年2月8日	鞠某全、鞠某辉与李某美签订股权转让协议(第二份股权转让合同)	鞠某全、鞠某辉将南宫市金马房地产开发有限公司80%的股权(包括其已在开发建设的"南宫市锦绣花园"项目和土地使用权等)转让给李某美,转让后公司法定代表人由李某美担任;公司股权总价为1210.48万元,转让的80%的股权成交价为14 483 840元(平均约18.10元/股)	股权转让协议
2007年2月9日	工商变更	80%的股权所有人和法定代表人变更为李某美	工商局变更登记手续

续表

时间	事件	主要内容	相应证据
2007年2月9日	第一份股权转让合同第二笔363.6万元延期付款日到期	雷某杰夫妇、马某华（合同中介人）和丈夫马某刚去鞠家付款却被拒收，拒收理由为雷某杰第一笔付款发生了迟延付款	公证笔录
2007年2月12日	终止协议书	协议书约定：终止于2007年1月18日签订的第一份股权转让协议，鞠某全、鞠某辉退回雷某杰交来的股金240万元并给予10万元补偿，三方签字之日起协议生效。鞠某全与鞠某辉已签字，雷某杰收到240万元后，在协议书上签了"不同意"	协议书、收款凭证

通过以上"案情时间表"的整理，复杂的案情变得一目了然，上述案件中鞠某全与鞠某辉"一女二嫁"的行为变得十分清晰，再来判断各方行为的法律性质时就变得容易些。上述案件中所涉及的关系和发生的事件并不算多，案情时间表在跨度更长、事件更多、法律主体更多的情况下，会显得更为有用。同时，由于诉讼、仲裁案件本身需要一个比较长的处理周期，这张案情时间表还可以作为法务迅速回顾案件内容和进展的工具，看了这张案情时间表就不用再一遍遍地去看案卷材料了。同样对于案件的审理过程，也可以列一张"案件审理时间表"，详细记录每一个案件环节的详细进展，这对案件决策有很大帮助。

案件审理时间表

仍以上述案件为例，根据民事案件一般程序，以原告为主体，制作以下案件审理时间表，下述表格中的财产保全、管辖权异议、开庭、调解事项等均为笔者的模拟案情。

表 2-2　案件审理时间表

时间	事件	内容	备注
2007年3月7日	雷某杰（原告）起诉鞠某全、鞠某辉（被告），受理法院河北省石家庄市中级人民法院	原告要求被告向其支付违约金100万元，并赔偿其损失（高于违约金部分的）200万元，承担诉讼费用	1. 从2007年3月7日至2007年9月6日查封被告银行账户； 2. 本案案号； 3. 财产保全裁定编号
2007年3月20日	被告提出管辖权异议	要求移送被告所在地法院审理	—
2007年3月28日	管辖权听证	经听证，法院当庭驳回被告申请	管辖权异议裁定编号
2007年4月6日	被告提出管辖权上诉	要求撤销石家庄市中级人民法院的管辖权裁定，并移送被告所在地法院审理	—
2007年4月26日	管辖权上诉裁定	法院裁定，驳回被告上诉申请	管辖权异议上诉裁定编号
2007年4月27日	被告提出财产保全异议	要求解除对被告的财产保全	—
2007年5月31日	财产保全异议听证	经听证，法院当庭驳回被告申请	财产保全异议裁定编号
2007年6月15日	证据交换	1. 被告的证据； 2. 法官要求原告补充的证据； 3. 法官要求被告补充的证据	—
2007年7月2日	第一次开庭	1. 被告的抗辩理由； 2. 法官归纳的争议焦点	—

续表

时间	事件	内容	备注
2007年8月1日	第二次开庭	双方关于争议焦点的辩论意见	—
2007年9月12日	一审法院判决	1. 判决要点； 2. 主要依据	1. 送达日期； 2. 上诉期
2007年9月5日	继续查封被告银行账户	请求查封被告银行账户从2007年9月5日至2008年3月4日	财产保全裁定编号
2007年9月19日	原告上诉	上述理由	上诉状送达日期
2007年9月20日	被告上诉	上诉理由	上诉状送达日期
2007年10月9日	二审第一次开庭	1. 被上诉人的抗辩理由； 2. 法官归纳的争议焦点	—
2007年10月19日	调解	调解方案	调解不成
2007年11月1日	二审法院判决	1. 判决要点； 2. 主要依据	1. 送达日期； 2. 执行期限
2007年11月5日	申请执行	财产线索	—
2007年12月25日	被告申请再审	被告再审理由	—
2008年1月11日	再审开庭	1. 被申请人的抗辩理由； 2. 法官归纳的争议焦点	—
2008年1月31日	再审判决	1. 判决要点； 2. 主要依据	—

案件办理是一个十分重视程序的工作，每一个程序都有严格的时间要求，权利的行使也要在规定的时间内完成，否则会有不利后果。例如，查封冻结期限届满后，财产保全措施自动解除，被查封的财产即可以自由被处置，财产保全的申请人必须在查封冻结期限届满前申请法院进行继续查封才能保持被查封财产继续处于被查封冻结状态。上述表格把每一项诉讼进程都详细标注，不但可以帮助法务梳理案件审理过程还可以起到时间提示的作用。当然，如果可以把上述表格嫁接入法务部门管理信息系统，由电脑直接提醒某项事务的办理和时间要求，就能更精确高效地办理相关案件了。同时，上述表格对法务在向公司高管汇报案件时也是一份很好的底档材料，使汇报工作更加有条理。

（二）法律关系图

这个小工具其实就是画图，和现在流行的思维导图本质上没有什么区别，笔者要强调的是，法律关系图不需要画得多么好看，仅需要把诉讼、仲裁案件中的各个主体之间的关系和往来用图画的方式简洁地表达出来，达到高效理解和一目了然的作用即可。下面用一则案例来说明如何绘制法律关系图。

> **🖋 基本案情**
>
> 本案例有7个主体，相互之间持股并有交易往来，具体情况为：境外乙公司是丙公司的股东，持股100%；丙公司和丁基金是戊公司的股东，分别持股78%和22%；丙公司同时持有己公司48%的股权；戊公司与己公司有经常性往来，戊公司于

案件发生日仍欠己公司1亿元应付款；己公司向小贷公司庚借款1.5亿元，期限为18个月，戊公司为己公司的借款向小贷公司庚提供了担保，担保方式为戊公司价值2亿元的土地房屋资产；己公司向境外甲公司提供了1亿元借款，期限为15个月，但是在外汇管理局做审批时采取了己公司向境外甲公司采购货物支付货款的方式，即"真借款假购货"。案件起因为甲公司在借款到期时未按期向己公司归还借款，己公司多次催款无果后准备起诉甲公司。

图2-1将上述文字描述转化为图例，各主体之间的关系变得更清晰，一目了然，无须记忆。这个时候，就可以把主要精力放在对案情的思索上了，我们站在己公司法务的角度来对起诉前的法律问题做分析。

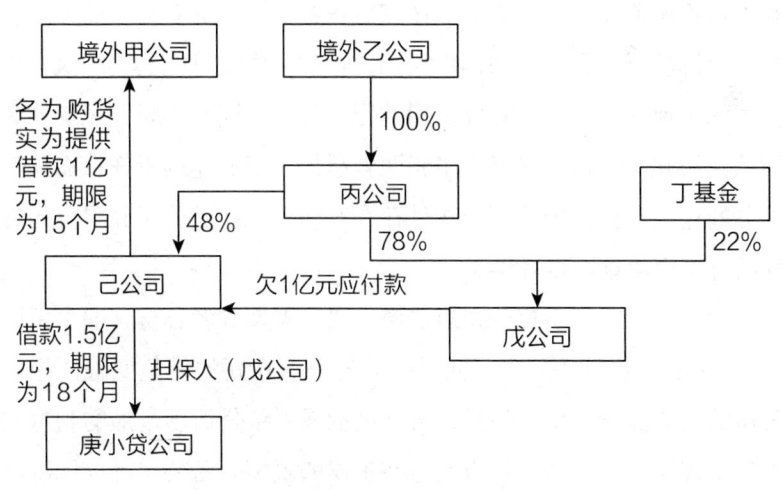

图2-1 法律关系

根据以上法律关系图，我们需要思考以下问题：

1. 两笔借款收回的时间差所带来的处理障碍

己公司在与甲公司的诉讼案件还没有结束的时候，如果己公司在小贷公司庚的借款已经到期，那么己公司应该如何应对？这个问题一般有以下四种可能性：

（1）己公司先归还小贷公司庚的借款，再继续对甲公司进行诉讼。优势在于避免己公司及担保人戊公司对小贷公司庚承担违约责任，弊端是需要己公司先组织资金归还小贷公司庚，会给己公司带来资金压力。

（2）己公司不归还小贷公司庚的借款，任由小贷公司庚起诉，拉长小贷公司的诉讼流程并加快甲公司的诉讼流程，执行到甲公司款项后再归还小贷公司庚的借款。如果可以做到，那么己公司将无须自行准备资金，但是这种方式的弊端比较明显，只要己公司诉甲公司的诉讼程序和执行程序无法在己公司和小贷公司庚的诉讼程序和执行程序前完成，那么就无法完成资金上的无缝对接；而且小贷公司庚诉己公司和戊公司的诉讼和执行案件中很可能会实际执行戊公司的土地房屋资产，对戊公司的影响很大；同时小贷公司庚在起诉己公司和戊公司时必然会主张两者承担一定的违约责任，而这一部分的违约责任，因为两个案件存在时间差，在己公司和甲公司之间的诉讼中较难取得补偿。

（3）己公司与小贷公司庚协商，要求展期或者续贷，即多争取一个18个月的贷款期限；同时己公司争取在新的贷款期限内把甲公司的欠款执行到位。但是，由于展期或者续贷而多增加的利息成本如果转嫁给甲公司承担也是存在争议的事情。己公司可以抗辩说这是甲公司不按期还款而带来的扩大损失。

（4）己公司与小贷公司庚协商，将己公司对于甲公司的债权出售给小贷公司庚，并抵消己公司结欠小贷公司庚的借款。但是小贷公司庚对于己公司的债权是有戊公司的土地房屋资产做担保的，而己公司对于甲公司的债权却没有担保措施，两个债权安全的强弱完全不同，并且金额也不同，由此来看小贷公司庚即使愿意购买己公司对于甲公司的债权，一般肯定也要己公司作为不良资产的转让惯例打折出售，而一打折己公司的转让初衷就无法实现了。

2. 己公司向甲公司借款的合法性问题

己公司向境外甲公司提供借款采取了"真借款假购货"的方式，同时签订了借款合同和采购合同，但是在外汇管理局申报时采取了境外购买货物的方式向境外支付。显然这种做法是为了规避外汇管理局的监管政策，是以合法行为掩盖其非法目的的做法。那么上述己公司的借款行为是否有效？如果无效，那么己公司在借款合同中约定的利息是否还能得到保护？此外，还需要考虑己公司如果以借款为由起诉甲公司，那么是否会面临外汇管理部门的行政处罚？

（1）己公司为何要采取"真借款假购货"的方式。根据现行外汇管理规定，境内公司只能向其境外关联公司提供借款，且必须至外汇管理局办理额度核准、登记、专用账户及资金汇兑、划转等事项；放款余额额度有限制；放款人和借款人须满足一定的诚信条件；须履行相关的批准手续。而本案中的己公司并不符合相关监管规定，不具有向境外放款的条件。

法律链接

本案涉及的主要法律和监管规定为《外汇管理条例》《国家外汇管理局关于境内企业境外放款外汇管理有关问题的通知》（汇发〔2015〕20号）、《中国人民银行关于进一步明确境内企业人民币境外放款业务有关事项的通知》(银发〔2016〕306号)、《国家外汇管理局关于进一步推进外汇管理改革完善真实合规性审核的通知》(汇发〔2017〕3号)。

（2）合同的效力。采购合同并不是双方真实意思表示，所以不能成为案件依据。而借款合同虽然表面上仅是违反监管规定，但是外汇管理制度是我国基本制度，违反监管规定会影响公共利益，据此，笔者倾向于认定借款合同无效，借款利率的约定同时无效。

（3）己公司违反借款合同约定的资金用途。己公司与小贷公司庚签订借款合同时约定的资金用途是采购原材料，如果己公司在起诉甲公司时披露了资金用途并没有按照借款合同约定使用，那么小贷公司庚如果在借款合同中约定违反借款用途可以提前解除与己公司的借款合同，据此小贷公司庚可以诉请提前解除借款合同并要求己公司承担违约责任。如果上述情况发生，则会对己公司的信用记录造成影响，己公司财务可能要核算以后的融资成本会有何种程度的上升。

3. 用何种理由起诉甲公司

根据上述分析，如果采用己公司与甲公司之间的借款合同为依据来起诉甲公司，那么己公司可能面临借款合同无效、利息不受保护、小贷公司庚的借款无法按期归还的情况，还有可能会被小贷公司庚提前解除借款合同并收回贷款、承担违约责任等，甚至还可能被外汇管理部门进行行政处罚。如果用己公司与甲公司的采购合同来起诉甲公司，那么即使采购合同上载有合同未实际履行，甲公司必须返还相应款项的约定，但是甲公司一定会抗辩双方是"真借款假购货"的关系，己公司的诉请难以得到支持。

此案件似乎只能按照"两害相权取其轻"的思路，即按照借款合同无效，要求返还资金占用来处理。其实，并没有完全没有风险的办法，这也是已公司这种交易结构所固有的法律风险，在交易前没有排除，那么就只能在风险暴露时来承担了。

（三）图表工具拓展

本部分想就图表工具做一定的拓展，讨论一下在案件之外需要用到法律关系图的其他几种情况。

1. 股权架构图和集团公司信息表

股权架构图是从实际控制人和最上层股东出发，来反映该实际控制人和最上层股东逐层向下一共持有多少公司，各自持股比例或出资份额的一种图。集团公司信息表则用于归纳目前所有公司的主要情况，一般可以按照公司与实际控制人的层级关系来做，并包括一些公司的主要经营内容。

2. 董事、监事、高级管理人员任职图表

这类图表有两种编制方式：一种是按照特定人来汇总其所有职务，例如，把高级管理人员乙在所有公司的职务进行汇总。这类图表主要可以用来审查职务之间是否存在冲突，例如，上市公司人员独立性规则就要求，"董事长原则上不应由股东单位的法定代表人兼任；董事长、副董事长、总经理、副总经理、财务负责人、董事会秘书，不得在股东单位担任除董事、监事以外的其他职务，也不得在股东单位领取薪水；财务人员不能在关联公司兼职"。另一种是汇总集团公司和子公司的董事、监事、高级管理人员信息，这类图表方便统计己方公司的表决权。表2-3是一种个人职务的汇总，供读者参考。

表2-3　高级管理人员乙任职情况汇总

编号	兼职单位名称	担任职务	是否可以担任
1	甲有限公司	副总经理	可以担任
2	乙股份有限公司	董事	可以担任
3	丙有限公司	董事	可以担任
4	丁投资有限公司	董事	可以担任
5	戊商贸有限公司	董事	可以担任
6	己服务有限公司	总经理	无法担任
7	庚广告有限公司	董事长	无法担任

3. 交易法律关系图

该类图一般用于交易结构比较复杂、交易主体比较多的情况，法务要擅长制作这种图，因为画图本身也是梳理法律关系和整理法律逻辑的过程，在法务向公司高管汇报时也可以用这种图来表达，不但更加直观并且可以避免书面汇报中大量的文字描述。

4. 关联方图表

这类图表用来观察不同主体之间的关联关系，从图表中可以看出两个独立主体是否存在关联关系，通过何种主体和方式进行关联。这类图表的制作可以通过掌握的两个独立主体间的股权关系或者共同的高管人员来体现，但是如果法务并不具有上述关联资料，则可以通过一些查询工具来获取。例如，企信宝的手机版中就有一个"查关系"的功能，输入两个公司的名称或自然人名字，系统就会给予一个图表，图表中列示了被查询公司或自然人的关联关系，大多数是存在共同控制一家公司，或者与被关联公司分别持股等情况发生关联关系。

三、制胜法宝

什么是案件取得胜诉的决定性因素？案件是一场证据战、法律战和心理战，还是一场持久战。想取得案件的胜诉，翔实的证据、精准的法律定性、过硬的心理素质、对案件的持续热情和耐心，缺一不可。本部分就上述四大制胜法宝做逐一论述（主要以民商事诉讼、仲裁案件为讨论对象）。

（一）翔实的证据

案件审理的思路一般都是先查明事实，再归纳争议焦点，最后适用法律。可见，查明事实是整个案件的基础，而查明事实要通过各方举证来实现。只有被证据证明的事实才是最后能被认定的事实；没有证据支撑的观点，只是一方口中的故事。完成收集证据、选择证据、适用证据的举证义务是制胜的第一步。笔者把有关证据的问题分为实体问题和程序问题两块，下面分别进行讨论。

1. 证据的实体问题

笔者谈判的证据的实体问题是指证据和事实如何匹配的问题。是法务在介入案件之初时，在大量材料中，如何选出合适的材料作为证据使用。

可以尝试从诉讼案件的原告或者国内仲裁的申请人角度来收集和选择证据，此类证据一般须满足以下要求：第一，证据的使命是证明诉讼请求或仲裁请求具有事实和法律依据，所以必须根据原告/申请人的起诉思路、逻辑关系对应收集证据。第二，证据要满足"三性"要求，即真实性、合法性和关联性。第三，证据要对被告/被申请人的抗辩理由起到反驳作用。而作为上诉人或再审申请人就可能需要根据一审或二审认定的事实错误进行举证或者补充新证据。让我们通过下文的案例来进一步分析论证。

举个例子 INSTANCE

基本案情

中外合资甲公司有两个股东：乙公司持有甲公司35%的股权，乙公司是一家境内公司；丙公司持有甲公司65%的股权，丙是一家注册在英国的私人公司，丁是英国国民，是丙公司的唯一投资人。丁将其丙公司的股权出售给了英国的一家有限公司己公司，但交易时并未披露丙公司在中国的股权持有情况。己公司成为丙公司的新股东后，通过查账发现，丙公司在中国有几项投资，于是己公司通过丙公司发函给甲公司，要求履行相应股东权利。但是，甲公司很快回函给丙公司，不认可丙公司为其股东，拒绝其行使股东权利。为此丙公司作为原告起诉甲公司要求行使股东知情权（以下简称案件1）；在诉讼文书送达甲公司后，案外境内自然人戊作为原告起诉丙公司和甲公司，要求法院确认案外自然人戊才是甲公司65%股权的实际股东（以下简称案件2）。上述两个案件在同一个法院审理，由于案件1中股东知情权的行使前提条件为丙公司具有股东资格，因而法官决定将案件1中止审理，先审理案件2，在看案件2中双方的证据之前，建议读者先把确认股东资格的相关法条和司法解释以及审判意见做一个回顾，在明确这些内容后可以更好地审视双方的证据。

读者可以制作一份符合上述审判意见要求的证据目录，当然这只是理想状态，真实的案件中不可能正好每种类型的证据都有，此时就要靠法务把现有证据进行排列组合并形成证据链。案件 2 中原告戊所提供的证据并没有完全达到上述法条、司法解释和审判意见的完美证据要求，请读者来判断，其提供的证据是否足以证明其观点，是否形成了证据链。

原告戊的证据情况和对方的质证意见

表 2-4　原告戊的证据清单

证据名称	证据内容	证据形式	举证目的
股权代持协议	戊与丁个人签订，约定股权为戊持有	原件	证明戊才是甲公司的股东
汇款凭证	戊将人民币 3000 万元汇至案外一家境内房产公司	复印件	戊为丁代付境内购房款，即"曲线"支付了甲公司出资款
董事会决议	戊作为丙公司委派的董事多次参加董事会	复印件	证明戊参与了公司的实际管理
股东会决议	戊作为丙公司委派的股东代表参加股东会	复印件	证明戊行使了股东的权利
乙公司证明	乙公司一直认可戊才是真实股东	原件	证明戊是真实股东
利润分配记录	戊收取了甲公司 2 年的利润分配	原件	证明戊是真实股东

表 2-5　被告丙公司对原告戊证据的质证意见清单

证据名称	质证意见
股权代持协议	丙公司是甲公司的股东，丁无权代表丙公司与戊签订股权代持协议，且上述股权代持协议没有标注准确时间，丙公司有合理理由怀疑该股权代持协议是在丙公司股权转让后补的
汇款凭证	该证据与出资事实没有关联性，且为复印件，其真实性无法确认
董事会决议	戊仅是委派的董事，并不意味着其行使股东权利，且为复印件，其真实性无法确认
股东会决议	戊仅是委派的股东代表，并不意味着其行使股东权利，且为复印件，其真实性无法确认
乙公司证明	其他股东对戊的股东身份的确认应以平时的决策等文件来证明，该份乙公司证明属于事后证明，丙公司有理由怀疑是乙公司应戊公司要求来制作的文件，该证据不具有合法性
利润分配记录	该记录上描述为丙公司分红款，虽然由戊领取，但是戊最多是代领人，不能证明是戊自己作为股东的分红款

案件 2 的另一个被告甲公司对原告戊提供的证据的真实性、合法性和关联性均予以认可。对于原告戊证据的举证和质证内容上文两个表基本进行了概括和体现，我们再来看被告丙公司提供的证据。

被告丙公司的证据情况和对方的质证意见

表 2-6　被告丙的证据清单

证据名称	证据内容	证据形式	举证目的
甲公司设立审批文件	对外贸易经济委员会和工商档案中的设立资料	原件	证明丙公司是甲公司的股东

续表

证据名称	证据内容	证据形式	举证目的
出资凭证和验资报告	丙公司完成了对甲公司的出资义务	原件	丙公司作为股东完成了出资义务
股东会决议	丙公司为盖章的董事	复印件	证明丙公司行使了股东权利，参与了公司的实际管理
甲公司网站介绍公证书	甲公司一直认可丙公司是其真实股东	原件	证明丙公司是真实股东

表 2-7 原告戊对被告丙公司证据的质证意见清单

证据名称	质证意见
甲公司设立审批文件	仅为设立时的形式要件，不能证明其为真实股东；仅是为了达到中外合资企业的设立标准
出资凭证和验资报告	仅为设立时的形式要件，不能证明其为真实股东，真实出资情况是戊代丁支付境内购房款，丁将同等金额由丙公司出资至甲公司，作为戊对甲公司的出资
股东会决议	仅为形式要件，所有股东会决议均需戊同意后才能由丙公司盖章
甲公司网站介绍公证书	对外宣传中外合资企业的需要，与真实情况不符

本案另一个被告甲公司对原告戊的质证意见表示同意。

案件分析到这里笔者不再给出最后法官的判决，读者可以前文介绍的内容并根据以下逻辑来自行判断原告和被告的举证是否足以证明其举证目的。

双方证明逻辑

表 2-8　双方观点、待证事实和证据

原告戊的观点	戊是甲公司的真实股东		被告丙公司的观点	丙公司是甲公司的真实股东
原告戊的待证事实	戊进行了出资		被告丙公司的待证事实	丙公司进行了出资
	戊行使了股东权利			
	戊被甲公司其他股东认可			丙公司经过了行政审批
	戊与丙公司之间存在代持关系			丙公司行使了股东权利
原告对应证据	汇款凭证		被告对应证据	验资报告
	董事会决议、股东会决议、利润分配记录			设立审批
	乙公司证明			股东会决议
	代持协议			

由上述案件可见，证据的产生需要经过一个选择的过程。在接触大量案件相关材料的时候，建议精读各项材料，甄别可以作为证据的材料，即符合证据"三性"的材料。选出相应证据后，还要审视证据之间的逻辑关系，与待证事实之间的印证关系，与案件请求主张的因果关系。

2. 证据的程序问题

证据在证明内容上可以证明待证事实，也不一定就能成为一份有效的证据，还必须符合相应的证据程序要求才能具备证明力，笔者拟从"举证责任分配"和"证据的形式"两方面来讨论证据的程序问题。

（1）举证责任分配。举证责任分配有时是决定案件胜败的关键因素，有些事实双方可能都没有直接证据来证明，这个时候谁承担了举证责任，那么谁就要承担举证不能的不利后果。法务在诉讼前，应该充分判断拟诉讼、仲裁的案件情况，己方的举证责任有哪些，根据目前证据情况，是否能够完成这些举证工作，如果不能那么可能会承担哪些举证不利的后果。在确定具体方案时要分析不同方案的举证责任是否存在差异，如果某个方案对己方的举证责任要求很高，那么就要谨慎对待，是否有能力完成该方案。

财产独立性的举证责任

✒ 基本案情

甲是一名自然人，开设了一家一人有限责任公司乙公司，从事食品贸易。丙公司法定代表人丁是自然人甲的朋友，丙向己公司借款1000万元，乙公司为丙公司向己公司提供了连带责任担保。后丙公司无法偿还借款，导致己公司起诉丙公司偿还借款并要求乙公司承担连带还款责任；同时己公司提出自然人甲作为乙公司的唯一股东，其财产与乙公司财产混同，并导致乙公司并不具有偿还能力，因为自然人甲滥用股东权利给丙公司造成了损失，应否定乙公司的法人资格，由自然人甲对乙公司的担保义务承担连带责任。案件审理过程中，自然人甲是否要为乙公司的担保义务承担连带责任成为主要争议焦点。

✒ 法律依据

《公司法》第20条规定："公司股东应当遵守法律、行政法规和公司章程，依法行使股东权利，不得滥用股东权利损害公司或者其他股东的利益；不得滥用公司法人独立地位和股东有限责任损害公司债权人的利益。公司股东滥用股东权利给公司或者其他股东造成损失的,应当依法承担赔偿责任。公司股东滥用公司法人独立地位和股东有限责任,逃避债务,严重损害公司债权人利益的,应当对公司债务承担连带责任。"《公司法》第63条规定:"一人有限责任公司的股东不能证明公司财产独立于股东自己的财产的,应当对公司债务承担连带责任。"

《公司法》上述两个条文都是关于法人人格否认的条款,但是,在适用方面是有差异的。第一,《公司法》第20条的逻辑关系为:股东滥用公司法人独立地位和股东优先责任,损害公司债权人的利益并造成损失,股东应承担赔偿责任。第二,《公司法》第63条的逻辑关系为:股东无法证明公司财产独立于股东自己财产,股东对公司债务承担连带责任。第三,《公司法》第20条规定的情形,债权人仍要承担初步的举证责任,例如,一人公司与其股东存在人格混同、业务混同等情况;而《公司法》第63条规定的情形,则应由一人公司股东承担举证责任,如股东不能证明其财产与公司财产分离,则应承担不利的诉讼后果。

举证责任分配

从以上法条和举证责任分配原则可以得出:自然人甲是否需要承担责任,在于其能否证明个人财产是独立于乙公司财产的,该事实的举证责任由一人有限责任公司的股东即自然人甲来承担。也就是说,自然人甲要证明乙公司与其个人的财产之间是独立的。

乙公司财产独立性的标准是什么?2014年11月《浙江省

高级人民法院民商法律适用疑难案件倾向性意见》中有对该问题的回答:"实践中,公司财产独立的证明标准可从以下几个方面把握:1.公司资本充足或者有经营需要的最低资本。新《公司法》取消了一人公司最低资本要求,但不意味着从事特定营业活动的公司没有最低资本的经营需求。公司资本显著不足,表明公司股东利用公司人格经营事业的基本诚意欠缺,通过公司形式将投资风险外化给债权人的恶意明显。2.股东诚实表述。如股东对公司资产、财务状况、给付能力等在经营过程中均如实陈述。3.公司财产与股东财产实质分离。如股东不存在随意调用公司资产的行为,公司财产与股东财产严格区分,公司财产未用于个人(尤其是自然人股东)支出,有完整的公司财务记录;公司营业场所与股东的居所、营业场所分开使用等。4.公司人格独立和业务独立。人格独立和业务独立虽然不能与财产独立画等号,但往往也是财产独立的伴生物或催生物,故而也是佐证财产独立的重要事实。在证明标准未进一步明确的情形下,在个案适用法人格否认规则时,应把实质公平正义的法理念作为衡量判决适当与否的最终标准。"该意见还提到"一人公司的法人格否认并非一律实行举证责任倒置规则,也并非仅可在股东与公司财产混同时才可提起"。

综合上述案例可见,证据的程序性问题是影响案件结果的关键因素,所以在制定争议解决方案的时候,要充分考虑双方所面对的程序性问题,减少程序性障碍对实体问题的冲击和不利影响。

储蓄存款合同案件的举证责任

储蓄存款合同案件的特点

储蓄存款合同案件在审理中突出表现为,是否泄露储蓄卡及其密码的信息,或者是否使用假卡取款,对上述情形诉讼双方可能都无法进行完整的举证,此时举证责任的分配就决定了案件结果的走向。

举证责任分配的判断思路

2014年11月发布的《浙江省高级人民法院民商法律适用疑难案件倾向性意见》中给予了指导意见:"法官在运用证明责任分配规则时,可遵循以下思路,即以商事法律关系为核心,理出需要证明的案件事实,并将案件事实分为三大类,即权利发生事实(即原告主张实体权利的要件)、权利消灭事实(即主张原告实体权利消灭的要件)、权利障碍事实(即妨碍原告实体权利实现的要件如诉讼时效等)。在确定举证责任分配时,可将权利发生要件分配给原告,权利消灭要件分配给被告,权利障碍要件分配给被告。在信用卡或储蓄卡信息泄露或盗刷等案件中,法律、司法解释没有规定证明责任的分配,法官应通过对权利构成要件的分析,根据公平原则和诚实信用原则,并结合案件具体情况合理分配证明责任。值得注意的是,一方证据不足并非一定承担败诉的后果,只有在案件事实真伪不明,承担证明责任的一方在证据不足的前提下,方可能承担败诉的后果,如果法官能形成高度盖然性的内心确信,则不一定产生败诉后果。关于信用卡或储蓄卡信息泄露或盗刷等案件,具体案情各有不同,相应的举证责任分配以及事实判断亦需根据具体案情进行调整。最高人民法院公报2010年第12期（总第170期）蔡红辉诉金才来信用卡纠纷一案及2012年8月（总第190期）苏州阳光新地置业有限公司新地中心酒店诉苏州文化国际旅行社有限公司新区塔园路营业部、苏州文化国际旅行社有限公司委托合同纠纷一案可供法官在分配举证责任及判断案情时做参考。"

请大家体会上述指导意见对案件事实的分类，"案件事实分为三大类，即权利发生事实（即原告主张实体权利的要件）、权利消灭事实（即主张原告实体权利消灭的要件）、权利障碍事实（即妨碍原告实体权利实现的要件如诉讼时效等）"，法律逻辑就是将待证事实根据其对权利的作用进行分类，然后根据举证规则划分举证责任。法务在诉讼、仲裁案件的方案分析时可以采用这种事实分类法，将需要证明的事实加以分类并设定需要承担的举证责任，根据举证责任来寻求对应证据并在证据之间形成完整的证据链。

（2）证据的形式。证据的形式是证据的体现方式，不符合法定形式要求的证据即使内容到位依然无法起到证明效果。法律对不同证据规定了不同的形式，不同形式证据的法律效力也有区别，所以在案件启动前要对手上的证据进行归总，对于不符合形式要求的证据的效力要进行预判。

①公安机关笔录。当事人或其他人在公安机关接受调查的笔录在民事诉讼中并不当然可以作为有效证据使用，这种证据究竟属于公安机关履行单位作证义务而形成的证据，还是作为当事人自认的证据，尚存在分歧。因此，对当事人或其他人在公安机关接受调查

的笔录的证据效力要结合案件相关事实对此种形式证据的证明力和证明力大小依法予以认定。

②微信聊天记录、QQ聊天记录、网络聊天录音、微博文字、朋友圈文字等证据的适当形式。微信聊天记录、微博文字、电子邮件等，均属于电子证据，应符合《最高人民法院关于民事诉讼证据的若干规定》的相关要求。当事人以电子数据作为证据的，应当提供原件。电子数据的制作者制作的与原件一致的副本，或者直接来源于电子数据的打印件或其他可以显示、识别的输出介质，视为电子数据的原件。

笔者建议法务在日常工作中做有心人，对于不同证据的法律效应做研究，同时加强对员工的证据培训。证据一般都来源于日常的商务活动，只有各个业务部门具备证据意识、善于发现证据并保存证据才能使法务在案件中有证据可用。

（二）精准的法律定性

法律定性在本书中指对案件所涉及的法律关系的确定和法律性质的认定，同一个事实在司法实践中有可能会被认定为不同的法律关系，而认定为不同的法律关系则其后的法律适用、证据规则、责任承担也都不同，对案件的胜败结果有很大影响。

1. 钱款的法律性质

下面我们来看一则案例。

✒ 基本案情

乙公司向甲银行申请了一笔借款，该笔借款由丙担保公司提供担保,甲银行要求丙担保公司将相当于借款金额 20% 的保证金存入甲银行作为担保。同时,甲银行和丙担保公司签订保证金合同约定如果乙公司不能按时还款,甲银行有权按照保证金合同约定直接扣划收取保证金。后乙公司果然没有按期还款,甲银行遂扣划了丙担保公司的保证金,并起诉乙公司和丙公司,要求归还所有款项。在诉讼中丙担保公司另行提出诉讼,要求甲银行返还其扣划收取的其在甲银行的存款。

上述案件是公司通过担保公司担保向银行融资的方式,交易结构的法律框架在于借贷关系、担保关系和反担保关系这三个方面。其特点是,借款人本身的财务情况和经营情况实际上并不满足银行的贷款条件,担保公司为借款人提供了连带责任担保才满足了银行的贷款条件。案例中担保公司丙需要用借款金额的 20% 作为保证金来为借款人乙提供担保,我们在这个案件中暂时不讨论其他的法律争议,仅对甲银行扣划保证金的法律性质做一分析。

丙公司对"保证金"的定性

丙担保公司认为甲银行要求的"保证金"属于普通存款。在丙担保公司财务记载上就列支为存款,虽然丙担保公司根据甲银行的要求开设了专门账户,但该账户并非明示为保证金账户,与一般的存款账户没有区别。而甲银行允许丙担保公司对于上述账户内的资金进行日常处理,可以取出也可以汇入,因此,丙担保公司认为上述相当于乙公司借款 20% 的款项的法律性质并非保证金,而是一般存款。

也就是说,丙担保公司认为虽然其与甲银行签订了保证金合同，但是事实上保证金没有被甲银行转移占有，保证金合同约定的保证金并不存在。根据《民法典》第429条，质权自出质人交付质押财产时设立。该保证金合同应视为没有设立，所以甲银行无权擅自扣划丙担保公司在其银行的存款。

✒ 甲银行对"保证金"的定性

甲银行认为丙担保公司的上述相当于乙公司借款本金20%的款项即为保证金。虽然其账户没有书写为保证金账户，但是已经列为专户，为专户管理资金，其法律定性有别于一般存款。而在乙公司借款期间，甲银行允许丙担保公司对该账户内金额进行日常处理是源于其银行账户的基本功能，并且甲银行要求该账户的余额始终大于乙公司的借款本息金额的20%，所以上述款项的法律性质是保证金。

甲银行与丙保险公司签订的保证金合同合法有效，甲银行有权按照合同约定直接扣划丙担保公司的保证金。

✒ 本案的关键争议焦点是丙担保公司在甲银行存入的上述款项的法律性质究竟是什么

如果属于保证金，那么很显然，作为质押合同的保证金合同因为质物的转移占有而设立，甲银行有权行使保证金合同中约定的权利。但如果上述款项仅是一般的存款，那么保证金合同约定的保证金并不存在，自然也没有质物发生转移占有，那么质押合同性质的保证金合同未设立。

（2020）最高法民再89号案件裁判要旨对上述法律性质做了界定：根据质押的法理和法律规定，设定保证金质押，应当具备两个要件：一是金钱特定化，二是将质押物移交债权人占有。基于货币"占有即所有"原则，金钱特定化的目的是使已担保的货币的所有权不发生转移，并独立于出质人和质权人的财产。但特定化并不意味着保证金账户内用以出质的金钱必须固定化，不意味着其不能在约定的数额范围内进行浮动。在借款担保实务中，根据当事人的约定，保证金账户内的金钱随着被担保债权的清偿情况而发生被扣划减少、按照约定增补等浮动情况是该类业务的正常表现形态，只要该账户为特定账户，该账户内的金钱被担保权人控制并与被担保债权相对应，就应当认定已经具备保证金质押特定化要件，浮动性并不能否定保证金账户内金钱的特定化。

由上述案例可见，纠纷解决的内在逻辑是根据不同的法律关系和案件的法律性质来分类解决纠纷。请求权基础不同会使得事实认定、证据采信、裁决依据等各方面均存在差异。而在某些案件上还会出现由于法律定性的不同，证据组织、因果关系和请求权说理的难度大大增加。因此，在制定案件争议解决方案时，一定要对比不同的法律定性下对上述因素的影响和差异。

2. 股权激励协议的法律性质

关于股权激励协议的法律性质，我们来看一则案例。

基本案情

2020年，黄某与甲公司签订了股权激励协议，该协议约定：黄某在完成一定的销售业务指标后，甲公司股东乙公司以

1元的价格向黄某转让甲公司5%的股权；如果黄某离开甲公司，无论何种情况，都无权再获得上述股权；股权激励协议作为劳动合同的附件。

后黄某因销售指标和完成计算方式与甲公司发生纠纷，甲公司将黄某辞退。黄某遂至劳动仲裁委员会提起仲裁，要求甲公司承担违法解除劳动合同的责任，并在法院起诉，要求乙公司履行股权转让义务。

股权转让协议属于劳动争议还是合同纠纷

本案中，股权激励属于何种法律关系，还是要看案件的具体情况。存在劳动关系是股权激励的前提条件，股权激励构成劳动报酬的一部分，与劳动成果的履行评价密切相关，在公司未按照市场价格支付股权价格等情况下，那说明股权激励为劳动关系履行过程中的新的劳动关系权利义务的约定，认定为劳动争议较为合适。

（三）过硬的心理素质

之所以有案件，是因为争议双方或各方的矛盾积累到了一定程度，无法通过协商等方式解决，各方矛盾较大，争议较多，办理难度较大。这就要求法务在处理案件时，除了要具备法律专业知识外还得有强烈的责任心和坚韧的心理素质。过硬的心理素质，可以保持案件办理中稳定的心理状态和客观判断能力，帮助赢得胜利。

1. 不畏惧诉讼

畏惧诉讼不利于解决纠纷，诉讼是一种纠纷解决手段，久调不决的纠纷，应该采取诉讼、仲裁方式解决，要有办理诉讼、仲裁的决心和决策。当对方拒绝协商时，诉讼、仲裁是启动司法环境下的调解的途径。"打打谈谈""谈谈打打"才能得到良好的结果，甚至有时候需要"以打促谈"。

笔者在解决境外诉讼的时候，国外的一些欠款公司认为中国公司不会愿意在境外客场上和当地的公司诉讼，所以对于自己应该履行的义务总是一拖再拖，或者要求中国公司再支付额外的对价来"帮助"他们履行义务。负责此事的高管十分具有争议解决意识，心理素质强，遇到这种情况，立即决策，对于逾期超过三个月的欠款公司，一律采取诉讼或者仲裁方式解决问题。大部分国外欠款公司一旦被起诉或被申请仲裁，就会在法院审理前的调解程序中作出让步，清偿其结欠的款项。

对诉讼、仲裁决策不果敢往往会导致损失的扩大和"战机"的丧失。"棒冰理论"认为：公司的资产和现金就像一根在太阳底下的棒冰，时间越长，化得越多，越晚启动追偿程序，清收效果就会越差。

让债权人法务真正为难的情况是债务人"差一口气"，也就是说，如果立即起诉，债务人可能会很快破产，但是不起诉的话，也无法结清款项，又担心其他债权人起诉。形成这种两难的局面主要是因为债权人没有对债务人做尽职的日常管理和监督，迟迟未发现债务人履行能力正在逐步丧失，考虑诉讼、仲裁的时机太晚了。

2. 再难也要坚持

诉讼、仲裁过程中不要一遇到"风吹草动"就怀疑自己，要坚持诉讼、仲裁的初心，不要被外部的声音打乱自己的节奏。

案件开始前，要确定诉讼、仲裁的目标，目标并不是只有一个，可以有最佳目标、中等目标和最差目标三个等级。目标一旦确定就不要随意变更，目标的变更就意味着案件策略要做大的调整，很可能会给案件带来消极影响。

　　诉讼、仲裁目标确定后，就要根据目标制定具体的实施方案。实施方案中要充分对各种情况做预判和估计，对于变动因素要充分考虑。在争议比较大的案件中，还应该分析几种不同方案的利弊，比较不同方案中成本、效果、法律风险、声誉影响等各个因素的不同情况，确定最合适的实施方案。实施方案一旦确定就要尽量坚持按照既定的方案开展工作。

　　3. 学会心理战

　　（1）关注对方的心态变化。除了自我心态的调整外，还要关注和分析对方的心态和对案件的心理预期的变化。法务要辨识对方的心理预期和心理承受的底线。随着案件的深入、辩论的加剧、复杂性的增加，对方当事人的心态也会发生变化，把握对方心理情况，有助于法务就对方的进一步诉讼策略作出正确的判断，有助于在关键节点作出拖延战术、是否调解等法律决策。

　　（2）辨别对方的真实目的。有时对方当事人的真实诉求隐藏在具体的案件中，很有可能现有案件仅是开局之篇，还有后手。例如，股东知情权纠纷案件，如果对方当事人是原告，其真正的诉求远远不只是知情权那么简单，是想知晓财务详细情况，进一步核对财务凭证，寻找侵占、挪用或者股东占用款项的可能性？还是想查看股东会/股东大会、董事会和监事会的会议材料和决议，寻求是否存在决策程序违反《公司法》或公司章程规定从而可以提起确认决议无效的新案件？还是审查利润分配情况，判断是否可以要求分红？抑或是通过公司经营资料来查看管理层经营目标的真实落实程度？总之，仅靠一个知情权诉讼，肯定无法确定对方当事人的真实意图，这个时候法务要通过诉讼内、诉讼外的交流和历史渊源情况综合判断，摸清对方的终极诉讼意图，只有这样才能作出正确的诉讼执行方案和应对策略。

（3）分析心态，有助于调解。在案件调解的过程中，如果对方当事人对案件的结果有着积极、乐观的心理预期，而己方希望通过调解结束纷争，那么采取强硬的谈判策略就不合适，而应该通过法官和外围一些沟通渠道做调解斡旋工作，争取取得最佳结果。

洞察对方当事人对案件的结果是否处于悲观的心理预期，对调解决定也有很大影响。法务可以通过对案件法律定性、双方证据的证明力、争议焦点和法官观点等多个角度进行预判，对案件结果作出一个"靠谱"的分析，从而判断对方当事人的调解立场和心态。

法务还要关注对方当事人发生的重大事件以及相应影响。重大事件可能会导致对方当事人诉讼、仲裁策略的变化，例如，对方公司与我方正在进行欠款诉讼，同时其正在成立股权私募基金并开始路演募集资金，那么此时信誉就显得格外宝贵，对于欠款这类影响信誉的案件，对方公司就可能会尽快处理，以免扩大不利影响。

（四）保持热情和耐心

案件办理是一个长期的过程，有的案件甚至要跨越几年的时间。在此类长久战的过程中，要保持对案件持续的热情和耐心，要通过对案件的进度控制和过程管理，提高案件办理质量。

法务是案件进度和过程管理的责任人和主导者。法务要建立公司案件表单，定期对案件进行回顾，对案件所处的阶段要明确，对案件不同阶段的工作要具体化落实，对案件中时间和期限要求要特别关注，这些时间和期限主要包括诉讼财产保全期限、上诉期限、举证期限、诉讼费缴纳时间、公告送达时间、申请执行期限等。

法务需要具有十足的耐心，对于复杂的案件事实和烦琐的证据材料做细致的梳理和准备，复杂案件所涉及的情况很多，会有很多"点"和"面"的不同情况，案件在发展中还会有新事实、新证据的发生。法务要反复和业务部门相关人员沟通、对大量原始材料进行分析，从而提炼出事实和证据，在新事实、新证据发生时，法务应及时作出反应、作出合适的证据保全工作等。

在案件经历波折和困境的时候，法务要结合管理层的意见，进行法律决策，带领团队不放弃、不妥协、坚持下去。案件的成功需要法务倾注大量的精力和汗水，谁工作更细致、谁挖得更深、谁在事实认证方面更坚持、谁心理素质更强，那么谁就更可能在诉讼、仲裁案件中胜出。

四、结案不结束

外部代理律师在案件结束后即可以功成身退了，但是对于法务而言，案件结束了并不意味着工作的结束，相反，对公司法律风险的揭示、公司制度漏洞的补足和法务自身工作的修正才刚开始。

（一）揭示公司法律风险

如果公司因为违约或者其他过错行为，被起诉或被仲裁，那么案件完成后，应该对案件中反映出来的违约或过错行为寻根溯源，找到具体法律风险点。法务要向公司揭示上述法律风险，并提供解决之道。

举个例子 >>>
INSTANCE

没有送达地址的风险

甲公司作为卖方拟将一批涂料出售给一家个体工商户乙,该个体工商户乙虽然是个体经营者,但是其经营规模很大,市场销售额占当地该种涂料的10%。于是,甲公司为了在该城市推销自己的新型涂料,打算和该个体工商户开展长期合作,并在合作之初给予该个体工商户一定的销售优惠条件。双方在签订涂料供货协议时约定,甲公司提供给个体工商户乙一定的铺货额度,即甲公司在签订供货协议之日起的一年内,向个体工商户乙先发货后结算,发货额即铺货额度在当年内累计不超过100万元,上述铺货额度可以由个体工商户乙在第二年的第一月结清;超过100万元部分的货物款项,个体工商户乙必须在收到货物后3个月内结清。合同签订后,甲公司即根据个体工商户乙的订单要求陆续向其发货,10个月内即达到铺货额度。铺货额度达到100万元后,个体工商户乙就没有再向甲公司发送过订货要求。铺货额度付款期限到期后,个体工商户乙没有按期支付货款,甲公司多次催款无着,遂向法院提起诉讼。甲公司认为自己送货单齐全、合同约定清楚、对方又有履行能力应该很快就可以拿到欠款,但是"理想很丰满、现实很骨干",甲公司起诉后,仅送达工作就花了几个月的时间。甲公司与个体工商户乙在签订合同时仅将个体工商户乙的工商登记地址作为联系地址,起诉时被告乙的送达地址也填写的是上述地址。但是,法官邮寄送达上述地址,很快被退回;法官上门送达,被告知该个体工商户早已不在此处办公,具体在哪里办公并不知晓。法官根据个体工商户业主的身份证地址进行送达也发现该地址的房屋已经在几年前就出售给他人，个体工商户业主现居住地址不明。而该个体工商户业主的户籍地址的房屋为该个体工商户远房亲戚所居住，远房亲戚也无法提供该个体工商户的现居住地址。甲公司前往个体工商户乙的涂料仓库寻找线索，发现该仓库的租赁人其实并不是个体工商户乙，而是个体工商户乙的儿子丁，仓库中放的涂料等财产也没有办法证明是否为乙的财产。在种种送达方式尝试均失败的情况下，法官只能启动公告送达，这就大大延长了甲公司追回欠款的时间。

举个例子 >>>

公司人格混同带来的连带责任

甲公司的法定代表人为乙，乙同时是甲公司的控股股东，持有甲公司57%的股权，乙的配偶丙持有甲公司43%的股权。甲公司旗下有两家子公司：丁公司和戊公司。丁公司一共有两名股东，丙持有丁公司22%的股权，甲公司持有丁公司78%的股权。戊公司也有两名股股东，乙持有戊公司17%的股权，甲公司持有戊公司83%的股权（读者是不是觉得很绕，如果是，可以用上文的画图小工具整理一下思路）。为了方便管理，甲公司派了同一名财务人员担任丁公司和戊公司的财务负责人，这名财务人员基本上在甲公司坐班，但是同时管理了三家公司的财务工作，甲公司、丁公司和戊公司的注册地址和经营地址分别处于不同的城市。在日常经营中，三家公司均经营一种特种化纤产品，在发货时会出现交叉发货的情况，例如，甲公司应对外交付的货物由丁公司负责发货，或者戊公司应对外交付的货物由甲公司负责发货，或者丁公司应对外交付的货物由戊公司负责发货。而在结算的时候也会出现要求对方交叉付款的情况，例如，甲公司应收取的款项要求付款人直接支付给丁公司，或者戊公司应收取的款项要求付款人直接支付给甲公司，或者丁公司应收取的款项要求付款人直接支付给戊公司。在经营多年后，戊公司因为为一家非关联公司提供担保而陷入支付困境，戊公司的供应商纷纷起诉戊公司要求还款，但是因为戊公司无力承担也无资产可供执行。于是，戊公司的供应商之一己公司在起诉戊公司的同时起诉了甲公司和丁公司，其理由就是三家公司的实际控制人都是同一人，财务管理者也是同一人，三家公司在运营中资金往来、业务经营高度交叉、混同，三家公司根本不具备独立的法人人格，所以要求三家公司对己公司的欠款共同承担连带责任。法院经过审理认可了己公司的观点，支持了己公司的诉讼请求。

甲公司的法定代表人乙在经过该案件后，看到了三家公司混同经营的法律风险，对三家公司分别聘请了财务人员，并在销售的产品上做了区分和分类，资金也不再交叉使用和往来，对于公司股权分别推行了高管持股计划，使三家公司股权变得更加多样化和综合性。

举个例子 INSTANCE

送货单的败诉风险

甲公司出售了一台大型设备给乙公司，约定乙公司在合同签订之日先支付一半的货款，在安装完毕并试运营一周后经调试检验合格后再支付另一半货款。乙公司在收到甲公司的设备当天签收了对方提供的送货单，乙公司签署的送货单如表 2-9 所示，斜体字部分为甲公司送货员填写，最后的签字为乙公司接收人员签字，但是该送货单是二联中的底联，是复写纸后面的那一联。后在调试检验时发现设备存在多项质量问题，无法投入生产，于是乙公司未再支付剩余款项，并要求甲公司更换新设备。甲公司认为其设备没有问题，是乙公司调试中使用不当导致的问题，所以不愿意更换新设备。后双方协商无果，甲公司起诉乙公司要求其支付剩余款项，而乙公司则反诉甲公司，称因质量存在严重问题，要求解除买卖合同并要求甲公司承担违约责任。这个案件的焦点在于设备的质量究竟是否严重不符合合同约定，这时候甲公司提供了送货单，如表2-10所示，证明设备经过检验是良好的，并且乙公司的人已经签字确认。

表2-9　乙公司提供的送货单

甲公司送货单	运输单号 156908y6
送货人	钱某某
接收情况	2019年3月1日于火星大街9号乙公司仓库接收
安装情况	安装完毕
检验情况	
接收人签字	钮某某

注：此送货单为二联单的第二联。

表2-10　甲公司提供的送货单

甲公司送货单	运输单号 156908y6
送货人	钱某某
接收情况	2019年3月1日于火星大街9号乙公司仓库接收
安装情况	安装完毕
检验情况	检验通过，质量良好
接收人签字	钮某某

注：此送货单为二联单的第一联。

在关键内容"检验情况"一栏中，双方各自提供的送货单发生了重大差异，检验是否通过各执一词。审理过程不再赘述，最后真相是由于送货单是甲公司的人员填写的，最后交由乙公司的人员签字，而乙公司的人员并没有在检验情况这一空白栏中写"无"并将后面空白处用斜线划掉，最后导致案件发生后，甲公司的送货人员增加了"检验通过，质量良好"的字样，因是同一个人所写，笔迹也是相同的，而二次书写的时间间隔很近，笔迹鉴定也很难对形成时间作出判断。这个案件结束后乙公司董事长要求法务对所有业务人员进行法律培训，特别是在签署法律文件时对细节的注意做了一次专门的培训，旨在杜绝上述因没有法律意识而导致的法律风险。

（二）补足公司制度漏洞

公司制度总是在被钻漏洞、查漏洞和补漏洞中不断完善，而诉讼、仲裁案件对公司制度的漏洞总是提示得最为到位，法务要善于总结归纳诉讼、仲裁案件中反映出来的制度漏洞并对制度进行修改，弥补漏洞。

举个例子 >>>

放弃休假要留痕

甲公司的员工小美在辞职后到劳动仲裁委员会提起了对公司的劳动仲裁申请，要求甲公司支付其放弃年休假期间的3倍工资。甲公司在仲裁委员会抗辩称，当时是小美自愿放弃年休假的，并不是甲公司的工作安排导致其不能休假。但是很可惜，甲公司的人事部门无法提供小美自愿放弃年休假的证据，最后劳动仲裁委员会裁决小美有权取得其放弃休假期间的3倍工资。甲公司不服仲裁裁决并起诉至法院，但最终法院还是维持了劳动仲裁委员会的裁决意见。

甲公司的法务在此案结束后发送了一份法律意见书给人事部门，要求对公司休假制度作出调整和修改。笔者摘录了一段主要内容如下：

人事部：

关于小美案件，仍是需要按照法院和仲裁委员会的判决和裁决履行。本案中主要法律规定有：

《企业职工带薪年休假实施办法》规定，用人单位根据生产、工作的具体情况，并考虑职工本人意愿，统筹安排年休假。年休假在1个年度内可以集中安排，也可以分段安排，一般不跨年度安排。单位因生产、工作特点确有必要跨年度安排职工年休假的，可以跨1个年度安排。用人单位确因工作需要不能安排职工年休假或者跨1个年度安排年休假的，应征得职工本人同意。用人单位经职工同意不安排年休假或者安排职工年休假天数少于应休年休假天数，应当在本年度内对职工应休未休年休假天数，按照其日工资收入的300%支付未休年休假工资报酬，其中包含用人单位支付职工正常工作期间的工资收入。据此，一般情况下因为用人单位的原因安排员工不休假或者少休假的，都必须支付总额为3倍工资的报酬。

符合下列法律规定、被认定为员工自愿放弃休假的情况的，才可以例外，仅支付正常工资。《企业职工带薪年休假实施办法》第10条第2款规定："用人单位安排职工年休假，但是职工因本人原因书面提出不休年休假的，用人单位可以只支付其正常工作期间的工资收入。"要满足该条款被认定为劳动者自行放弃年休假，必须有两个条件：第一，用人单位安排职工休年休假；第二，职工因本人原因且通过书面形式正式向用人单位提出不休年休假。

根据上述规定的要求，法务部建议对员工手册中的休假制度进行修改，在特定时间内向公司员工邮件发送年休假时间安排通知书，告知员工公司年休假的实际安排，要求职工在 OA 系统中填报自己的休假时间。如果有职工自愿放弃休假则要另行制作本人放弃年休假说明书，或者要求职工在 OA 系统中填报放弃年休假申请。人事部要统一保管上述员工放弃年休假的书面材料。由于在发生劳动争议案件时，公司的举证责任较重，员工是否已休年休假、休了几天年休假等事实的证明责任都要由公司来承担，因而人事部应当在平时的考勤记录中特别体现出员工有权休假的年休假天数和实际已经休假的年休假天数，并让员工签字确认。

举个例子 INSTANCE

董事、监事、高级管理人员履职不规范

甲公司投资了一家软件公司乙公司，因为持有乙公司 30% 的股权，所以取得了乙公司董事会 5 个董事席位中的 1 个董事席位，甲公司委派了其投资部负责人丙先生担任了该公司董事。很快乙公司为了一项关联交易及担保事项通知召开临时董事会，具体待审议内容是乙公司拟出借给丁公司 2000 万元，年化利率 11%，丁公司以其价值 6000 万元的一套设备质押给乙公司作为担保。丁公司的大股东戊公司同时也是乙公司持股 45% 的大股东。丙先生在参会前没有收到相关议案的具体书面材料，仅看到了关联交易的议题。丙先生没有考虑太多，去参加了临时董事会。在会议中乙公

总经理对关联交易的原因、利息定价因素和借款交易目的做了说明，同时乙公司总经理还特别披露了该套机器设备是海关保税的设备，比较先进、价值比较高。丙先生觉得上述借款利息定价比较优惠，而该套设备价值较高能够给乙公司的债权提供比较有利的担保，同时由于是质押的形式，上述设备会搬至乙公司仓库保管，因而担保的安全性也比较高。于是丙先生就在会议决议上签署了"同意"。这件事情仅仅是甲公司众多工作中的一件事务，并没有给甲公司带来多少反馈。

没过多久，在一个偶然的场合，甲公司董事长听说海关拟对乙公司和丁公司作出行政处罚，原因是这两家公司未经海关审批程序擅自将海关监管设备进行质押并搬离了海关监管区域。

甲公司董事长把情况告知了本公司法务，法务立即提供了上述事项的法律依据，《中华人民共和国海关进出口货物减免税管理办法》（海关总署令第 245 号）第 24 条规定，在海关监管年限内，减免税申请人要求以减免税货物向银行或者非银行金融机构办理贷款抵押的，应当向主管海关提出申请，随附相关材料，并以海关依法认可的财产、权利提供税款担保。主管海关应当对减免税申请人提交的申请材料是否齐全、有效，填报是否规范等进行审核，必要时可以实地了解减免税申请人经营状况、减免税货物使用状况等相关情况。经审核符合规定的，主管海关应当制发《中华人民共和国海关准予办理减免税货物贷款抵押通知书》；不符合规定的，应当制发《中华人民共和国海关不准予办理减免税货物贷款抵押通知书》。减免税申请人不得以减免税货物向银行或者非银行金融机构以外的自然人、法人或者非法人组织办理贷款抵押。

可见，本案中的借款和质押合同违反了上述法律规定，借款人和质押权人均不符合上述规定；同时还将海关监管设备擅自搬离了保税区，也违反了海关监管要求，海关作出行政处罚是符合法律规定的。

甲公司董事长认识到乙公司由于是新设公司，内部没有法务部门，董事会在决策时也没有征询法律意见，董事会成员也没有法律专业的人员，才造成了这么显而易见的错误。甲公司董事长要求甲公司法务部对董事、监事、高级管理人员的履职制度进行完善，目的是将董事、监事、高级管理人员个人的履职行为变成一项公司集体决策过程，对某一个议题进行充分讨论，经过财务、法务、投资或者相应部门的论证，求得一个尽量完善的表决意见；同时通过董事、监事、高级管理人员的履职过程来达到对被投资公司经营的管理目的。甲公司法务根据董事长的要求制定了董事、监事、高级管理人员履职制度并绘制了履行流程图。

诉讼、仲裁可以说是法务最传统、最复杂的业务之一，上文的讨论仅涉及该块业务的极少部门，远不足以反映其全貌。诉讼、仲裁集中反映了司法实践中的焦点争议问题，程序有别于普通的商事活动，有着特定的程序要求和时效要求，如果不熟悉，那么很有可能无法做到精准的风险防范，在合同等事项履行和实施过程中可能会延误时机，丧失权利。

法务可以在公司内部建立相关的诉讼、仲裁管理制度，其中可以包含以下内容：诉讼、仲裁案件主要涉及哪些决策事项，这些事项应由哪一级的管理者来决策，决策反馈的时间和程序安排等是什么；同时，一个诉讼、仲裁案件可能涉及公司内部多个部门，各个部门在案件中的权责要通过制度加以明确。

第三章 知识产权

公司的知识产权管理日益被重视，无论是商标、专利还是著作权，都是公司的重要资产，这些无形资产与土地、房屋、存货和机器设备等有形资产一样都可以给公司增益。不同公司对知识产权的运营和管理的方式有所不同：轻资产的科技型公司，他们对于专利的研发、二次发明、专利许可等事项更为看重；快消品行业的公司，普遍会对商标和外观设计的保护工作更为重视；文化出版公司，对著作权相关权利更敏感；大型制造业集团，商标、专利和商业秘密都是重点管理范围。知识产权的范围很大，从广义上来讲包括著作权、商标权、专利权、植物新品种、集成电路布图设计、商业秘密、技术许可、特许经营、公司名称（商号）、特殊标志、网络域名等内容，本书中无法一一阐述，笔者仅选取了商标权和专利权这两个最常见的知识产权来作讨论。

一、商标工作的战略思维和实务

（一）商标管理体系的建立

商标是公司的区别码，消费者依靠商标来区分不同的产品，也依靠商标判断不同的品质。没有商标，就会使公司的产品和服务"泯然众人"，毫无特色，无法被消费者发现和购买。公司的商标管理工作必须要有前瞻性和持久性，必须成体系，而不是"东一榔头，西一棒槌"，零散地做；同时，公司商标管理也是一件长久的工作，必须建立常态管理制度。从公司商标体系建立的角度来看，需要完成以下基本步骤：商标设计、商标申请、商标使用和商标维护。公司在管理和运营商标时应注意以下事项。

1. 摸底盘点商标资产

对公司商标资产现状的摸底主要需完成如下事项：

（1）明确商标数量。要知晓已持有或在申请中的商标数量、商标设计、商标和商品的对应性、商标的实际使用情况、商标许可人和商标的期限等情况。做商标资产盘点过程中不但要对照商标证进行盘点还要通过商标局的网站信息来进行核对。可以用表 3-1 来汇总目前公司商标的情况。

表 3-1　甲股份有限公司 2022 年注册商标情况

序号	商标	国家	类别	申请号	注册号	申请日	注册日	状态	转让	许可

（2）清楚商标质量。商标的质量主要指已注册商标是否与目前

产品具有匹配性。例如，注册商标本身的图文设计情况是否还能体现目前产品的特点；现有注册商标是否可以覆盖公司新产品的需求；公司是否存在新产品、新项目没有申请商标；公司是否存在经常性使用特定的产品名称或者图文，但是没有申请注册商标的情况；原注册商标是否因为社会经济的发展沦为通用名称。总之，只有对公司目前已注册商标情况进行详细的盘查才能对注册商标现状了如指掌，并做好下一步的改进和设计工作。

2. 排查商标管理的漏洞

（1）防御性商标三年未使用导致被撤销。很多公司在申请商标时会申请一些防御性商标，即在不同类别申请商标或在同一类别申请相似商标，或者通过申请主商标、副商标、防御性商标的办法来达到防止他人用相似或类似商标"搭便车"的情况。但在经营和管理过程中却忽视了实际使用的问题，导致三年未使用被他人申请撤销，即"撤三"，结果使防御性商标失效，无法起到防御作用。

《中华人民共和国商标法》（以下简称《商标法》）第49条第2款明确规定："注册商标成为其核定使用的商品的通用名称或者没有正当理由连续三年不使用的，任何单位或者个人可以向商标局申请撤销该注册商标。商标局应当自收到申请之日起九个月内做出决定。有特殊情况需要延长的，经国务院工商行政管理部门批准，可以延长三个月。"

（2）擅自变更商标。日常经营中会出现销售部门为达到视觉效果，擅自变更注册商标的情况。例如，请广告公司重新设计产品的包装，改变了原注册商标的图文。这种情况在申请时间较早的注册商标上较为多见，早年申请的注册商标往往不再符合当下的流行趋势和审美眼光，为了追求产品的"颜值"，往往会改变最初的商标图文，以求得设计的时代感。这种做法会导致使用擅自变更商标的产品无法获得商标保护，还很可能导致注册商标被撤销。

《商标法》第49条第1款规定："商标许可人在使用注册商标的过程中，自行改变注册商标、注册人名义、地址或者其他注册事项的，由地方工商行政管理部门责令限期改正；期满不改正的，由商标局撤销其注册商标。"

（3）商标管理提示。对于在摸底中发现的商标管理漏洞应总结成文，及时纠正，下文是笔者模拟的在商标盘点后对现存问题的总结。

> **对现状的分析**
>
> ● 两主体之间商标相互冲突。例如，"GG"系列商标分属于甲公司和乙公司。而商标在两个主体名下会导致其中一个公司在其他类别上申请使用该商标时会被驳回，因为该商标已被另一公司占有，这种商标的交叉会使得双方都无法正常提起新的申请。
>
> ● 个别商标缺乏显著性或与申请主体名称不符导致驳回。
>
> ● 商标被他人撤销。例如，乙公司5个商标曾因连续3年不使用而被他人申请撤销。
>
> ● 部分商标未续展而销亡。例如，甲公司名下有多个已注册商标，但因未续展而销亡。

（二）符合公司经营战略的商标规划

注册商标摸底完成后，就可以着手进行商标规划。商标规划是指根据公司经营情况来制定注册商标工作的具体方案，包括注册商标管理组织机构，注册商标的设计、申请、维护工作制度，注册商品宣传、注册商标的知名商标、驰名商标申请，打击假冒商标工作，商标许可授权制度、境外商标申请等内容，其中注册商标申请还包括注册商标的拟申请类别、拟申请国家等。也就是说，公司的商标规划就是公司一揽子的商标管理制度和近几年的商标体系建设方案。

法务在制定公司商标规划时要熟悉公司经营战略和品牌战略：商标规划是服务于公司经营和品牌建设的，所以要以上述两个规划为基础。商标规划应提前进行，一定程度上应提前于公司目前的经营状况，要根据公司的战略规划和新产品、新业务发展来预测制定。商标规划是品牌战略的一部分，要与公司品牌形象、宣传计划和公司产品质量管理制度相协调。法务在完成公司的商标规划前可以先做一些前期的调研工作，和公司生产部门、销售部门进行沟通，了解他们对注册商标的需求，了解他们认为的目前已注册商标实际使用过程的缺点和劣势。法务在做前提调研的时候，不但要关注公司内部关于注册商标的需求，还要比较同等产品和类似产品的注册商标情况，对其注册范围、类别、使用情况和美誉度作出判断。在制定商标规划的时候法务更需要与时俱进，不但要对传统注册商标的工作进行战略布局，更应具有"互联网+"的商标意识，对域名、软件、公众号等非传统注册范围进行安排和布局。

（三）商标申请、管理和维权工作解析

1. 商标申请是商标管理的基础

商标申请的原则是要和公司的产品战略相结合，特别是在新产品尚未投放市场的时候，就要把相关的商标注册工作予以考虑和实施，因为商标申请的审查周期从申请开始计算到得到初步审定公告或被驳回，一般需要九个月的时间，如果没有提前进行商标申请，那么就会导致新产品投放市场却没有商标立即可以使用的情况。还需要考虑的是，目前同行间的相互关注度都很高，新产品被他人得知后，很可能会出现同行业进行抢注的情况，所以提前布局商标申请是法务要向业务部门和公司高级管理人员强调的理念，要让大家有储备商标的意识。下文是商标申请的具体小技巧：

（1）在商标申请前要做好检索工作。检索的目的在于查看目前在己方拟申请注册的类别中已经注册成功的商标，是否与己方拟注册的商标相同或近似。可以通过商标局的网上商标查询系统来进行初步查询，如果要得到精确的查询结果可以委托商标局查询员进行查询。

（2）关注商标申请设计的显著性。要从商业角度看商标的设计是否具有显著性，显著性是《商标法》对注册商标的基本要求。法务要审查商标的显著性是否可以体现产品的特征和优势，这是商标商业使用的基本要求。在商标设计时还要充分考虑上述商标查询结果，在设计时要规避同行业内现存的注册商标的图文设计。商标设计不宜太简单也不宜太复杂，同时需要兼顾商标易于被消费者关注和牢记。

（3）图文组合商标分开申请更有效。商标本身采用中文商标、字母商标和图形商标相结合而进行组合申请的，建议采取单向申请的方式，将上述中文、字母和图形商标同时组合申请的话，如果有一项与他人商标近似或者相同的，就可能发生整个组合商标被驳回的情况。同时，由于注册商标的使用必须忠于申请的状态，也就是说如果申请了组合商标，那么必须将中文、字母和图形始终同时使用，这样未必符合商业包装的需要，因此，分开申请，更能达到灵活使用的目的。

（4）商标申请要扩展领域。商标申请时，除了正在经营的本行业所涉及的类别外，还应该在上下游行业、关联行业进行申请，这是有效避免他人抢注的办法，同时可以在公司跨业经营时提供商标使用。

（5）广告语商标化。商标申请时可以把一些原来被忽视的内容纳入注册商标的范围，例如，公司广告语，由于广告语与产品的关联度很高，往往也是产品的代名词，因而这一类的内容也应作为注册商标进行申请。

（6）商标申请方式更加多样。除了请商标代理公司进行商标申请外，根据2017年3月出台的《商标注册网上申请暂行规定》，符合《商标法》规定的商标注册申请主体资格的自然人、法人和其他组织均可以通过网络自行提交商标申请。

2. 商标的日常管理工作

商标管理是注册商标发挥价值的基石。公司通过商标申请取得注册商标后，需要对这些无形资产进行日常有效的管理，否则注册商标的作用将无从发挥。商标日常管理具体包括以下内容：

（1）从管理架构方面考虑。商标管理工作需要对注册商标进行日常性的关注和监管，所以需要设定一个专门部门或岗位来进行商标管理，没有专门人员进行管理容易造成时间方面的脱节和日常工作的不到位。商标日常管理常见归口部门是法务部门、资产管理部门、品牌部门。

（2）商标日常管理的主要内容。一般包含注册商标申请工作、商标的升级管理工作、商标维权工作、商标使用管理工作、商标异常状态管理、商标变化管理和商标市值管理工作。其中，注册商标申请工作在上文已做分享,不再赘述,仅增加一项就是商标类别扩充工作,在商标申请后可能会因为商业目的的需求在增加的经营范围上申请商标类别扩充。下面具体来聊聊上述工作。

①商标的升级管理工作。升级管理指将注册商标进行优化,进行驰名商标申请和著名、知名商标申请的工作。通过向国家商标局申请驰名商标,达到在跨类行业中也可以得到保护的法律效果;向各省、市、区、县市场监督管理部门申请著名或知名商标,防止他人在公司字号上使用己方注册商标,同时灵活使用各省、市、区、县对驰名商标、著名商标的奖励政策(以上海市为例著名商标一次性奖励15万~30万元不等,驰名商标一次性奖励最高可达100万元),提升己方公司注册商标的价值。

②商标维权工作。商标维权包括商标异议工作、商标保护工作。

商标异议工作是指对他人申请的与己方公司已申请的注册商标相同或近似的商标提出异议,即通过实时查询商标局网站,对与我方商标相同或者相似的商标提出异议,禁止他人注册,杜绝他人"搭便车"行为。该项工作还包含对他人对我方申请的注册商标提出异议的工作,即及时对他人对我方商标效力等提出异议作出应对,维护集团商标的合法性与效力。

商标保护工作是指负责打击与应对假冒、仿冒商标,即采取向行政部门(市场监督管理部门)投诉、提起民事诉讼、提起刑事诉讼开展商标打假行动。

③商标使用管理工作。该项工作是指商标续期工作、商标权证管理工作、商标异常状态管理、商标变化管理。其中,商标续期工作具体指对商标进行时效管理,按时办理到期商标续展、交费工

作。商标权证管理工作则是对商标权证及各类行权文件及时归档、更新。

④商标异常状态管理。该项工作是指通过网络查询等方式对商标进行实时监控、及时回应异议、及时行使商标权；并对商标存续中的异常状态作出处理；对商标失效等事项作出反馈。

⑤商标变化管理。该项工作是指根据公司经营需要对注册商标进行变更申请，例如，商标持有人名称、注册地址发生变更的或者减少类别的，需要向商标局申请变更（商标图案、文字发生变化的，则需重新申请注册商标）。该项工作还包括对原注册商标显著性丧失的应对工作，主要是对显著性退化的商标进行监控，及时申请新商标，以防商标显著性丧失后被撤销。

⑥商标市值管理工作。该项工作主要是指对商标进行商业运营使其价值得以体现，主要方式包括商标转让、商标许可等。具体流程包括签订商标许可合同，许可他人使用商标，从而体现商标利用价值，并且向商标局进行备案。

（四）商标维权之"打假"

打假是商标维权的主要实务工作，也是一些行业法务的必备功课，打假成果的好坏会直接影响到某一个地区的销售业绩，例如，在食品类的快消品领域，假货和真货的价格差异并不那么大，取缔大型假货加工工厂后，该地区的销售额往往会大幅上升。打假工作是一个系统性的工作，法务负责打假工作，要有匹配的工作方式和流程，下面对此进行深入讨论。

1. 建立打假工作制度

打假工作单纯依靠法务是无法完成的，需要各部门通力合作才能取得成效；同时，打假工作需要工作人员对打假执行方案严格保密、快速行动并各司其职。打假工作制度主要起到分配工作、协调一致的作用，也是法务履行职能的主要依据，主要包括各部门的工作职能设定、打假相关方法途径和打假人员奖惩措施等内容，具体来说包括以下内容：

（1）打假的内涵和目的。一般可以规定为"市场上出现仿制、假冒本公司的产品并在非法使用本公司的注册商标，本公司将予通过行政、司法程序采取打击假冒者、维护本公司商标的行为"。

（2）打假的职能部门和相关职责。可以将打假的职能部门设定为法务部，即法务部为公司注册商标管理、保护工作的归口主管部门。其职责可以包括制订公司注册商标管理及保护的整体规划；统一办理公司注册商标产权管理事务；负责处理假冒及仿冒投诉，协调相关部门出具假冒产品鉴定结论、提供打假资料等日常性的打假工作；负责重大假冒仿冒案件的调查处理。

（3）打假的其他负责部门和职责。打假的地区性特征很明显，可以将公司各区域的销售部门作为该区域内的注册商标保护工作机构。他们的具体职责可以设置为负责收集辖区内市场上发现的制售假冒仿冒商品的相关证据和信息，并向法务部汇报情况或者自行实施打假方案；负责监控辖区市场假冒仿冒注册商标的活动动向，或者根据该地区特征来实施打假方案。也就是说，作为地区的打假机构平时应该以发现假冒仿冒线索，及时通报法务部为主要工作，同时也要根据法务部的安排实施一些具体的打假工作，例如，向政府有关执法部门投诉，启动民事诉讼等事项。法务部也要发挥区域打假机构的长处，由区域打假机构负责与当地政府开展注册商标保护工作以及发挥与当地经销商的相关作用形成打假体系，并通过当地打假机构与当地市场监督管理部门等打假职能部门保持良好沟通与联系。

公司的销售渠道也应该成为打假体系的一部分，公司可以与分销商等销售渠道协商，在分销商中指定注册商标保护联络员，为商标保护工作提供打假线索等信息。

（4）注册商标管理工作流程。主要规定发生注册商标申请、异议、复审、撤销、争议等维权事务时，相关部门的反馈时间和处理流程。商标保护工作贵在速度，所以一般在接到有关维权信息或工作通知后应尽早向法务提供资料以方便法务启动维权程序。而法务在收到信息后确实需要开展行动的，也必须立即指派专人承办案件，法务承办人员应根据注册商标维权事务的具体情况，选取申请复审、提出无效、据理答辩或进行和解等处理方式，并提请决策层决策，同时将办理进展和结果告知公司相关部门。

（5）具体的商标维权诉讼案件工作方法和流程。商标维权案件如果通过民事或刑事案件来处理，可以采取以下流程：打假线索收集过程—线索上报，法务立案过程—案件跟进完成。

打假线索收集过程中要发挥各地区商务工作人员的积极性和功能，他们可通过市场调查、拍照和购买样品等方式发现并收集汇总假冒、仿冒信息。例如，商标侵权者（生产者、销售者）的名称或姓名、地址、销售网络和渠道、名片、电话以及其所属区域市场监督管理部门（县区级）等资料；侵权产品的名称、规格、型号、商标、包装、广告宣传资料等，必要时要采取公证方式固定侵权事实。

线索上报，法务立案过程中要及时将收集到的打假线索通过注册商标保护联络员报送给销售管理部门及法务，这个过程不但速度要快，还要进行保密和保护。

案件跟进要在获得上述信息后，迅速进行综合分析，结合相关法律法规作出初步判断，选择合适途径处理。主要的三种途径为：行政途径即向市场监督管理部门等执法部门进行投诉；民事途径即向法院提起民事诉讼；刑事途径即进行刑事举报和立案。这三种途径各有优势：行政途径是通过向市场监督管理局等行政管理部门举报的方式来打假，这种方式可以依靠行政管理部门的行政处罚权，达到没收销毁假货，并对生产、销售、运输假货的相关人员和公司进行罚款等进行打击；司法途径是通过民事诉讼的方式来使本公司注册商标的侵权人、违约人承担停止侵害、赔偿损失等民事责任的方式实现打击目的；刑事案件单独列为一种方式，是因为刑事案件具有一定的特殊性，刑事案件对上述违法行为人的打击效果最强，但是其立案条件、证据要求和实施难度也最大。

（6）禁止行为和奖惩制度。公司在规章制度中要对商标维权人员的禁止行为进行举例，例如，禁止对注册商标侵权行为知情瞒报、不报；禁止发生注册商标保护案件不及时上报移交法务部门处理；禁止提供虚假资料，影响注册商标管理、保护事务办理；禁止捏造事实、诬陷他人或骗取奖金；禁止泄露维权打假方案和其他相关秘密等行为。对于成功的商标维权行为应予以奖励，奖励可以与赔偿额度或者避免损害额度相关联。例如，对主动与公司联系，举报侵犯注册商标行为信息的个人，若举报的内容经核实是真实可靠且其能帮助查处侵权行为的，依最终查处的情况一般给予举报者相当于侵权赔偿5%的奖励；若公司通过打假获得赔偿，可以在实际获得的赔偿金中提取相当于侵权赔偿25%的部分给予负责部门或相关人员作为奖励。

上述管理制度下的打假策略采取的是全员发动模式，法务、注册商标保护联络员、经销商联合发力。对于商品销售地域跨度大、城市散、经销商多的公司，每一项打假工作都需要一定数量的人力，来完成调查、举报和赔偿工作，单靠公司内部员工是无法完成打假工作的，所以把利益相关者进行整合，一同打假是比较明智的做法。

2. 打假是一种"两面性"的长效工作

打假工作制度建立后，法务就要根据制度把打假工作作为一个长效的工作来办理。所谓两面性，就是既要正确使用注册商标，又要长效打假。

（1）正确使用注册商标。注册商标没有得到正确使用的情况主要有以下几种：

第一种，擅自改变注册商标的文字、图形和颜色，导致与商标局登记的注册商标不符合。改动体现为改变了注册商标的外观设计，例如，文字字体发生了较大变化，图案排列发生了较大改变等，其行为性质都是擅自变更注册商标。其结果是当发生他人侵权时，己方无法根据注册商标进行保护。

第二种，将注册商标使用在核定的商品和服务之外的商品和服务上。注册商标只能用于经过核定的商品和服务，否则就需要重新在其他类别上进行申请，如果未申请而使用，那么不能作为注册商标予以保护，同时也不得使用注册标记，否则有可能会侵犯他人的注册商标。

第三种，不正确使用 R 标。注册商标提交申请后，当处于初步审定阶段时，是不能使用 R 标的，必须要在商标局正式核准后才能使用。

第四种，注册商标的使用主体不合规。多见于集团公司为商标许可人，而注册商标实际使用人为集团旗下子公司，但是却未签订注册商标使用许可并至商标局备案，这就造成注册商标许可人和实际使用人不一致，对注册商标保护不利。法务要善于关注本公司注册商标使用过程中的具体使用方式和注册商标状态，将不合法、不合理、不合规的使用方式及时纠正，以免在行权时被侵权者以上述原因进行抗辩。

（2）长效打假。长效打假是指将打假作为一项日常工作和长效工作来落实，仅在"3·15国际消费者权益日"进行运动式打假的做法是无法保持长期的打假效果的。制假者的方式方法是"与时俱进"的，从原始的完全假货、假商标到现在的真商标、假货的发展就更让人难以发现和揭露。假货的销售方式也更为隐蔽和灵活。法务要在工作中对制假、售假的种种表现、方式以及进展积极跟进，了解"行情"，并对打假的种种方式予以创新。

3. 打假小技巧

权利人和假冒者永远是猎人和狐狸的关系，相互之间此消彼长，法务作为公司打假工作的负责部门，要善于积累一些打假小技巧，在自身工作中加以运用。

（1）善于积累消息网。寻找制假者是普遍的工作难点，现在的制假者十分隐蔽，轻易不会被找到。这就需要法务在打假工作中积累消息渠道，可以依靠销售、市场合作方和其他渠道持续提供信息，建立假货举报渠道等。

（2）巧选打击对象。假货链条上除了生产者外还有运输人、包装人、经销商等种种角色，选取对自己最有利的打击对象，才能事半功倍。例如，选择相对固定的展会商作为侵权被告，就比苦苦寻找生产商要更为方便,展会商通常也会更有赔偿实力。同样仓库、储存经营人也可以作为举报、侵权被告,可以通过他们来找到制假源头。再如,假商标、假包装的生产、印制厂家也是打假的合适被打击对象。

(3)引导销售商打假。对于假冒商品高发地区,加大销售商扶持力度,使其占领市场,挤压假货生存空间。制定经常更新的销售商打假激励办法,正面引导销售商日常打假。

(4)加大宣传力度。通过报纸、电视、网络等媒体,曝光假货种类和形态,提升消费者对经常性出现的假货的鉴别能力。注重消费者保护,进行形式多样的反假宣传。

(5)外协单位打假管理。对于为本公司的生产产品外包装、注册商标标识等物品的外协单位要加强管理,杜绝真包装、真商标外流到制假者手里的情况。

(6)保密管理。加强本公司内部工作人员的保密意识,杜绝商业秘密外泄。保密措施,特别是具体打假方案一定要在实施前仅有小范围的工作人员知晓,避免提前泄露。

综上,打假方案要结合公司的产品情况、销售方式和打假目的来制定,并不是千篇一律的,法务应找到最合适自己公司情况、最有效率和最出成果的打假方案。

4. 商标海关保护案例

> 甲公司是一家在国内很有名气的汽车配件生产商,在汽车配件细分行业内处于领先位置。该公司的产品除了在国内市场畅销外,50%的销售量来源于国际市场。甲公司十分注重维持在国际市场上的良好公司声誉和品牌形象,在境外主要销售地

都申请了基本统一的商标,精密实施商标战略;同时,成立了打假办公室,对国内和境外假冒甲公司商标的侵权行为予以持续和有力的维权。但是,巴西的一个用户(以下简称巴西客户)发给甲公司的质量异议函件却让甲公司发现了商标保护战略的漏洞。

2020年初,甲公司收到了一家巴西客户的质量异议函件,主要内容是指责甲公司的一个汽车配件类别的产品质量很差,导致整车质量下降,无法满足巴西客户自身的质量标准;同时指出,销售该批次汽车配件的经销商已经破产,其无法得到任何赔偿,故只能找甲公司,并希望甲公司对该批次汽车配件的质量问题承担责任。巴西是甲公司极其重要的销售市场,是其整个南美洲市场重要的风向标,而该巴西客户本身也是巴西汽车行业的主要公司,在整个汽车产业的影响力也较大。尽管甲公司对具体情况并不清楚,也没有直接的合同关系,但是甲公司还是决定要审慎地处理该质量异议函件。

首先甲公司联系了该巴西客户,该客户称其使用的有质量问题的产品为一配件,该配件使用寿命远远低于原本设计的两年的使用周期,这一情况甲公司从来没有碰到过,因为该种配件的用料性能十分稳定,使用寿命基本是可以保障的。甲公司建议该巴西客户将质量问题配件邮寄给甲公司,以便做质量分析。同时,甲公司询问了该巴西客户的供货商,并根据反馈查询了合同和发货记录,而后惊奇地发现,甲公司根本没有和这家供货商签订过任何合同,自然也没有供应过任何配件产品。那么该巴西客户手里的产品是从何而得的呢?甲公司十分怀疑其卖的是假冒产品,这一推论在收到巴西客户邮寄过来的质量瑕疵样品后得到了验证，从质量瑕疵样品的鉴定结论来看，这一样品完全是由该配件的报废品回收后打磨修补而制作完成的，难怪这批次的配件使用寿命远低于正常值，这原本就是已经报废或接近报废的配件。

甲公司向该巴西客户解释了这批质量瑕疵配件的原因，并提出该批配件根本不是甲公司生产的产品，事情到了这里，甲公司并没有大舒一口气，反而更加紧张，想要知道这批假冒配件的生产源头究竟在哪里。根据巴西客户提供的信息，该批假冒配件的出口地还是在中国，甲公司决心查个水落石出，更为重要的是要找到一条杜绝这类假冒商品出境销售的防范路径。

因为该批假冒配件产品是出境销售的，所以必定经过海关备案，于是甲公司根据巴西客户提供的提单、报关单等材料很快地确定了假冒配件产品生产商的具体名称和一些公司信息。可当甲公司的打假工作人员赶至该假冒配件产品生产商的注册地时，却发现该公司仅在该注册地挂牌，并无实际生产基地和工厂。通过外围了解，发现该假冒配件生产商仅是一个空壳公司，自己并不具体加工和生产，而是利用大量的农村小作坊和加工汽车配件的个体工商户进行代加工，根本无法对其进行打击。甲公司又从假冒产品的最终销售市场角度进行排查，发现这些假冒汽车配件产品平时均不公开在汽车配件市场上销售，要由熟人介绍或中介取货，各种打假活动很难开展，销售者基本上不是生产商，所以深挖出背后的假冒配件生产商存在很大难度。面对如此狡猾的假冒配件生产商，甲公司一时无法找到合适的方式来解决这个问题，打假工作陷入了困境。

这时候，甲公司所在的海关工作人员对甲公司进行了工作访问,甲公司将上述事宜进行了汇报,海关工作人员立即向甲公司介绍了海关知识产权保护措施,并介绍了如何通过这一措施来彻底制止假冒商品出境销售。原来,根据《商标法》和《海关行政处罚实施条例》,海关有权对侵犯商标、著作权和专利权的产品进行查处,有权中止上述涉嫌侵权产品出关,实施扣留、没收和罚款等行政处罚手段,海关还可以视情况将严重侵犯知识产权且可能构成犯罪的行为移送公安机关处理。这一信息对于甲公司来说,简直是量身定做的商标保护和假冒产品打击策略。于是,甲公司结合自身公司情况和产品境外销售情况紧急制定了商标海关保护策略,以求切断假冒商品的境外销售。

首先,甲公司主动在海关进行了商标海关备案,该备案行为是所有权利保护的基础。在海关总署顺利备案后,甲公司的注册商标即等于在全国的各海关均完成了备案。海关即有权在备案商标的基础上,对报关商品进行商标比对,对有可能是假冒甲公司商标的假冒商品采取一系列行动。和商标海关备案同样重要的是知识产权合法实施者名单的登记备案,这个登记备案手续的存在是因为像甲公司这样的大公司,其销售不可能全部由自己完成,必然会有很多第三方得到甲公司的合法授权出口商品。事实上,甲公司也是有着庞大的经销商网络的,这些经销商有时候会把甲公司的商品通过自己的销售资源出口到国外。与此同时,甲公司的销售策略中把商品进行了分类,并非所有的商品都可以出口国外,也并不是每一个经销商都有权对外出口销售甲公司的商品。这种情况下甲公司必须要告诉海关哪些经销商是其给予合法授权的出口经销商,即知识产权合法实施者。如果出口商不在这些登记备案的出口经销商名单中，那么他们就无权将甲公司商品出售到境外，对于这类行为海关会及时通知甲公司并采取相应保护措施来保障甲公司的权益。

其次，甲公司指定了专人负责对接海关知识产权保护的具体工作，建立了与海关良性互动和快速反应的机制。这一机制极大地保护了甲公司，从出口源头上遏制了假冒甲公司商品的行为，使假冒商品无法销售至国外。例如，在甲公司将商标在海关备案后不久，外省的一家海关就通知了甲公司，说该海关在执法过程中发现了一批出口货物涉嫌假冒商品，请甲公司前来处理。根据该海关的要求，甲公司要申请海关知识产权保护的，必须在收到海关通知起3日内提出扣留申请，并提供担保。甲公司负责此事的专人，立即协调了甲公司质监部门和财务部，当日前往该海关现场辨认该批涉嫌假冒商品。经现场辨认发现，这批货物果然是假冒甲公司商标的同类汽车配件，而经过财务部和销售部现场核实，甲公司也未向该批货物的生产、销售商提供过任何甲公司的商品，也没有向该批货物的生产、销售商提供过商标许可使用等权利。据此，基本可以确定这批商品的确属于假冒甲公司商标的情况，甲公司随即申请了海关扣押该批商品。与此同时，因为该批货物较多、货值较大，甲公司同时向公安机关报了案，最终妥善处理了该案件。

类似的维权情况还有多起，甲公司通过这种方式极其有效地维护了自身权益，打击了假冒汽车配件的生产商。但是给甲公司造成不便的是，3天的反应时间对甲公司而言有些紧张，尤其是距离甲公司路程较远的外地海关，甲公司难以及时处理。为了应对该局面，甲公司也摸索了应对措施，甲公司充分利用其在各地的大型经销商资源，建立了海关维权联络人，当出现路程较远的维权情况时，甲公司即联系当地经销商，由其先进行实时处理，同时甲公司根据实际情况，将有些案件委托交由经销商全权办理，追究假冒案件所得的赔偿，由甲公司和经销商共同享有。在海关知识产权保护上，经销商本来就与甲公司利益一致，同时又可以通过维权工作得到经济保障，大大提高了经销商的工作积极性。这种方式在甲公司的市场销售和日常经营中起到了很好的效果。

该案例的优势在于，把海关保护作为法务商标维护的基本工作内容，从销售出口源头来打击假冒行为和经销商的违约行为。这种维权策略，完全避免了大量高难度寻找线索、收集侵权证据的过程，不用再去深挖侵权人的具体位置和实体，节约了公司的巨大人力、物力，却能取得优于一般维权行为的较好效果。这对广大出口业务占比较大的公司而言是有效的维权方法。

（五）商标的境外保护

我国部分公司已经从纯粹的品牌代加工商发展成了具有自主品牌、直接出口的出口商。随着我国自主品牌产品销售额的增加、销售地的扩张，国外公司抢注我国公司商标的情况时有发生。商标被抢注后，我国公司无法在被抢注地申请、使用自己的商标，必须改用其他商标，这样依靠原商标积累的市场信息、客户认可度都无法再延续，对市场销售和公司形象的损害十分巨大。

上述现象的主要原因是公司对国际商标注册工作的不重视，对国际商标法律的不熟悉。一般而言，商标授权以注册在先为主要原则，即在一个特定的地域内如一个国家，谁先注册谁先享有商标权利。商标具有很明显的地域性保护特征，我国公司在本国的商标注册所获得的权利和保护并不能自然延展到其他国家，因此，我国公司不能认为在中国长期持有某一商标，就自动获得了出口销售地的商标保护。如果不及时在销售地进行注册，而产品本身又很有竞争力，一些境外机构在境外很可能会抢注该产品商标，后对我国公司提起商标侵权诉讼，我国公司会面临花不菲价格购买原本属于自己的产品商标，这显然会导致经济损失和商誉减值。

下面我们来看一则案例，案例中的甲公司是一家从事新能源光伏组件生产的小型公司，其主要出口销售地是德国。甲公司在经营中经历了商标被抢注、协商谈判、取回商标权利和最终建立境外长期商标维护制度的过程。

✒ 基本案情

甲公司起家于组件代加工，在组件技术和质量双突破后，创建了自主品牌，并在国内注册了商标，为第九类光伏组件。后随着德国光伏市场的发展，甲公司开始拓展德国市场，通过几年的努力占领了一定的市场份额，发展了众多的经销商，其商标也具有较高的知名度。就在一切顺风顺水的时候，甲公司收到了当地法院的一张传票，其中称甲公司侵犯了当地乙公司的商标权，而乙公司实际为甲公司在当地经销商（丙公司）的关联公司，所以乙公司深知甲公司产品的市场美誉度和其品牌价值，抢先在当地注册了商标，类别完全覆盖了甲公司的销售产品。甲公司认为乙公司的行为属于明显的恶意抢注，不符合商业惯例和公平原则，但甲公司考虑到其与当地经销商的合作关系，故打算先与乙公司协商，想说服乙公司撤回诉讼。

在丙公司的安排下，甲公司与乙公司进行了会谈，谈判持续了三天，但是乙公司始终不同意撤诉，除非甲公司与乙公司签订商标使用许可合同并每年按照销售额的 30% 支付商标使用费。虽然甲公司在谈判前已经做好要支付一部分费用的心理准备，但是如此高额的费用要求，将极大增加甲公司的销售成本，如果相应提高销售价格，那么甲公司的产品将失去市场竞争力。甲公司就商标使用费的比例与乙公司进行了多轮磋商，最终还是无法达成一致意见，谈判无法继续进行。甲公司只能选择应诉，通过诉讼最大限度地保护自己的权利。

纠纷解决

1. 案件初期安排

甲公司争取到了较长的开庭前准备时间，聘请了德国律师并组织了专门的工作小组应对该案件。

2. 案件策略选择

甲公司可以采取的最佳应诉思路和目标为不承认乙公司的商标权利，并申请法院判定乙公司为不正当竞争，同时判定注销乙公司已注册的商标；次佳目标为承认乙公司的商标权利，但申请法院判定甲公司对乙公司的注册商标有在先使用的权利。通过谈判，甲公司判定乙公司对于费用的诉求很难通过协商达成双方都接受的价格，所以甲公司决定选择不承认乙公司商标权利的应诉思路。为此甲公司做了大量的证据收集工作，力图证明乙公司申请注册商标的行为属于法律禁止的不正当竞争行为，具体而言，甲公司需要用各类材料向法官证明以下内容：乙公司申请注册涉案商标的目的是垄断市场和有计划地阻碍甲公司在德国的市场销售。乙公司十分了解甲公司在德国使用涉案商标的情况，同时也十分了解甲公司商标在中国及其他国家已经获得注册，乙公司的注册商标与甲公司的注册商标完全相同，甲公司的注册商标在德国光伏市场具有较高知名度，乙公司可以利用注册商标剥夺甲公司与其他公司销售合作或直销的权利，从而达到乙公司的关联公司丙独家代理甲公司产品的效果。

3. 案件外安排

甲公司需要从商业和法律角度重新审视与丙公司的销售关系。虽然乙公司与丙公司为关联公司，股东也存在交叉，但是职业经理人团队并不完全相同。所以甲公司无法判断丙公司在整个事件中扮演的角色，同时甲公司与丙公司之间的代理销售合同对甲公司的制约较少，甲公司有较大自主权，丙公司代理甲公司产品所得的盈利基本占丙公司总盈利的30%。据此，甲公司最后决定暂时停止向丙公司供货，但不发任何书面告知。甲公司同时与丙公司正面沟通，明确提出希望丙公司可以与乙公司沟通，双赢解决纠纷。

甲公司还向两国行业协会正式通报该纠纷，并保持案件进展的持续更新。

4. 案件结果

该案件历时两年十个月，历经一审和二审，出现了交叉诉讼等过程，双方都投入了大量的精力和时间。最终甲公司和乙公司达成了一系列庭外协议，约定乙公司将商标完整转让给甲公司，转让对价为乙公司的商标申请费用和合理增值，同时双方均撤销在法院的诉讼。

境外商标布局

案件结案后，甲公司并没有松一口气，反而更加紧锣密鼓地开始制定境外商标战略。甲公司认识到只有制定完整的商标战略方能保证自己在海外市场的销售权益，并日益提高品牌知名度和竞争力。经过研究，甲公司将其商标战略分解为商标申请和日常维护两个模块，并做了相应的财务预算，力争在成本可控的前提下做到商标权利在销售地全覆盖，并在商标申请成功后可以有效维护。

1. 商标申请

甲公司首先按照销售规模和未来销售战略梳理了商标申请的重点区域，确定了分批商标申请计划。对于欧洲的商标申请主要采取马德里国际注册方式和欧盟注册方式；对于美国、加拿大、东南亚等主要出口国或地区采取单一国家或地区注册方式。同时，根据申请所需要花费的时间，制定了申请启动表格，将商标许可申请时间较长的先申请。

为了更好地避免类似案件发生，甲公司对不认可在先使用的国家，立即开始申请；对认可在先使用的国家，先保留在先使用的证据，再逐步申请。

在商标标识方面，甲公司充分研究了不同商标申请体系的规定，对于像马德里国际商标申请体系一样要求甲公司境内商标和在该申请体系申请的商标完全一致的，甲公司保持了境内的商标图形和文字组合；对于不需要保持一致的申请体系，甲公司根据当地销售情况和当地已有的注册情况，重新设计了拟申请的图形和文字组合，使商标更贴合当地的文化风俗、市场习惯。

在申请类别方面，甲公司不但申请了目前生产的商品类别，更预先申请了未来计划生产的商品类别和未来可能发生代工、设计、安装等衍生商品类别。同时，甲公司在关键销售市场启动了防御商标申请战略，即将主商标申请范围覆盖到近似商品类别和服务。在主商标申请的同类别中又申请了与主商标图形和文字类似的商标。

在申请过程中，甲公司遭遇了当地公司对甲公司商标申请提出异议的情况，这种情况往往出现在甲公司产品销售较好的国家和地区，而异议者通常也是行业内公司或代理商，对甲公司商标价值有着清楚的认识拟抢注商标，甚至已经发起同样的商标申请。甲公司根据申请体系的规则对异议进行答辩，成功赢得了一些国家的商标注册，但是在有些国家也只能放弃申请或者变更商标图文样式重新申请。

2.商标维护

经过了一年的商标申请工作，甲公司已经完成主要境外销售市场的整体商标布局，在境外市场上提升了整体品牌形象，扩大了知名度，最重要的是杜绝了被抢注的法律和经济风险，消除了直接销售的不确定性。但是，工作并未结束，大多数国家的商标法都规定三到五年内不连续使用注册商标的，则该商标可能会面临被撤销的风险，因此，只有做到对注册商标的长期保护才可以发挥商标的应有价值，为此甲公司建立了日常维护体系。

甲公司成立了独立的品牌部门来管理商标，除了负责原来境内商标的管理工作外，该部门对境外商标的主要职责为：第一，负责境外商标的申请、续展和变更等工作，主要是根据销售战略预先做好商标申请；对于所有已经注册的商标做持续的续展工作；根据业务变化及时做好调整商标注册类别和其他变更工作。第二，负责境外商标监控工作，具体而言就是持续关注甲公司注册商标所在国家和地区是否有他人在光伏行业、光伏上下游行业和光伏配套行业注册与甲公司类似、近似或足以对消费者产生误导的商标，如果发现则需要立即提出异议，使他人无法申请到商标，不能对甲公司产生竞争格局。第三，负责甲公司境外注册商标所在国家和地区的公司对甲公司商标提起的异议和纠纷案件。第四，负责制止甲公司境外注册商标所在国家和地区对甲公司注册商标的侵权行为、追究其赔偿责任，打击假冒商品的流通。根据上述部门职责，甲公司调配了相关人员专岗负责相关工作，通过公司内部工作人员和外部律师事务所的协同配合，商标维护体系运作良好。甲公司的商标体系对公司整体经营起到了很好的促进作用，在境外市场树立了高度被认可的品牌，彻底排除了他人抢注商标的风险。

（六）商标许可授权和商业架构设计

本部分的讨论背景设定为将商标作为无形资产进行运营的方式，即常见的连锁加盟经营模式中的商标许可使用的法律和商务问题。

1. 注册商标许可的实体考量因素

不同的连锁加盟经营模式会导致商标许可的模式和管控的不同，注册商标的许可条件更多地体现为商业的考虑和斟酌，应考虑以下商标许可的关键因素。

（1）注册商标权利许可的范围。从连锁经营的角度来看，很少会出现排他许可和独占许可的情况，更多的是根据产品类别和销售区域进行许可。

①经销商授权条件。法务可以和商务人员一起对商标权的许可制定一定的规则，把商标权利和产品类别、销售区域和被许可人的销售能力和经营条件相挂钩，使商标价值得到进一步的提升，例如，可以做表 3-2 的对应性列示。

表 3-2　经销商授权情况

授权条件	经销商年销售额	经销商门店数量	经销商年采购总数	经销商广告投放量
18 个产品、省级商标许可	1 亿元及以上	200 家及以上	5000 万元及以上	1000 万元及以上
10 个产品、地级市商标许可	5000 万～1 亿元（不含 1 亿元）	100 家～199 家	2500 万～5000 万元（不含 5000 万元）	500 万～1000 万元（不含 1000 万元）
……				

②授权商品和地域分类。商标许可要细化到注册商标已经覆盖的商品上，哪些被许可商品可以由被许可人使用注册商标，哪些不可以被许可使用都要明确。对于擅自超出被许可商品的情况，要在注册商标许可合同中加以约束。注册商标许可的地域限制并非在所有行业都可以实施，如果是连锁超市、连锁餐饮是可以按照地域来标记划分的，但是如果是饮料等产品就无法按照地域来划分，所以在注册商标是否需要约定地域使用限制要根据行业特点来安排设置。

（2）许可双方的资格审查。在注册商标许可授权前，要对商标被许可人的情况做尽职调查。商标被许可人的资格除了在合同审核一章中提到的合同主体尽职调查的那些注意事项外，还需要从注册商标许可的角度来做特殊的调研。

①对被许可方的尽职调查。品牌餐饮公司在做注册商标许可的时候就要对商标被许可人的经营能力、场地条件、人员情况和从业经历做调查，这些调查更多的是从维护品牌价值、开拓市场占有率和保证餐饮质量的角度来考虑。如果是从贴牌加工方式的商标许可角度来考虑，商标许可人更多的会调查代工公司的公司规模、工人技能、制造场地、设备情况、工艺条件等因素。其他较为重要的因素还有财务测算，需要考量工厂所处区域的税收、外汇政策。此外，如果存在其他被许可人的，还要对其他被许可人情况做一定的调查，审查其生产能力和产品质量是否能达到许可人要求和产品市场定位的水平。

②对许可方的尽职调查。被许可人也要对注册商标许可人的情况做调查，除了常规情况外，最重要的就是许可人本身公司资质和经营情况能否对注册商标有正向的支撑作用。被许可人之所以要支付注册商标许可费用，无非因为许可人的注册商标能够在市场上形成有利的销售地位并占领销售先机和市场份额，所以被许可人要考量许可人的商业战略和商标规划以保证自己被许可的注册商标在许可期限内具有一定的价值。注册商标对于被许可人除了有上述销售和市场价值外，还意味着某种商品的质量和对应性，某一个注册商标就是某种品质的保证和象征，被许可人也需要对许可人的生产能力和产品质量做审查，明确其是否具有保证高品质产品的能力。

（3）许可期限。许可期限也是实务中比较容易产生争议的问题，在制定注册商标许可计划时就要充分考虑。

对于不同的被许可人要设置不同的商标许可期限，经营能力较低的被许可人可以给予较短的注册商标许可期限，商标许可人可以视被许可人在注册商标许可期限内的具体经营表现来决定是否给予新的许可期限。注册商标许可人要保留对许可期限在约定情况下的提前终止权利，例如，被许可人产品质量没有符合约定的质量标准，未按约履行对注册商标的宣传投入，被许可人存在违反商标许可合同或特许经营合同、连锁经营合同等情况的。

注册商标许可期限到期并没有再次许可时，剩余商品如果处理不当则会导致许可期限纠纷。在签订注册商标许可合同时应对该问题进行约定，明确这些库存商品的出路，例如，可以约定注册商标许可期限到期并没有再次许可的，商标许可人有权要求被许可人不得再以注册商标产品来出售；商标许可人也可以给予被许可人注册商标许可期限到期日三个月的宽限期，允许其在这段宽限期内出售上述库存商品。而从被许可人的角度来考虑问题则要关注注册商标许可期限内，商标许可人不按时对商标进行续展，或因不合法使用注册商标等原因导致注册商标失效的情况下，被许可人的利益保护问题。同样还应考虑一些"黑天鹅"事件，例如，商标许可人因破产、商标质押、商标被保全执行等情况造成被许可人使用障碍进而损害被许可人权益的情形下，被许可人权益保护的问题。

（4）许可费用。注册商标许可费用一般会由许可双方谈判协商确定，也有一些是注册商标许可人制定好了固定的许可方式和格式文本，被许可人可以提出异议的机会比较少，仅能表示接受和不接受。有关许可费用，可重点关注以下事项：

①比例。一般而言，注册商标许可费用可以按照一定的比例

来计算和提取，例如，许可产品售价的百分比，根据产品本身的不同和销售额的大小，可以是 0.1%，也可以是 5%。还可以根据产品的利润率来进行计算，也有可能根据财务规则或者净利润大小来确定。但是以上两种方式都建立在对数据高度掌握的基础上，如果被许可方的数据很难取得，或者诚信程度比较低，那么这种许可费用的方式对许可人是不太有利的。

②固定数值。除了上述的比例方式外，还有固定数值的方式，确定一个固定的许可费用数值，对许可人来说更容易收取，但是固定数值的确定过程会很让人纠结，一般会考虑注册商标本身的知名度和价值，用注册商标价值来模拟许可费用金额，还会考虑注册商标的许可使用方式，独占许可肯定要比一般许可的许可费高，同时注册商标被许可人使用商标的产品类别、销售地域、许可时间、被许可人范围（例如，如果被许可人是集团公司，那么是否还包含其控股子公司等）等都会影响到注册商标许可费的金额。

③阶梯式。注册商标许可费用还可以设定为阶梯式的比例方式，例如，第一年到第三年收取 1%；第四年到第六年收取 1.5%，第七年到第九年收取 2.5%。这种方式适合于在注册商标许可前期需要扶持被许可人的情况，所以在许可前期收费略低，待业务发展后再收取较高的许可费用。另外，阶梯式收费方式往往是分段进行收费的，根据销售额或者利润额来设置每一段的收费金额或者收费比例。

（5）注册商标许可后的"增值"问题。注册商标许可后，除了许可合同的履行外，还应对注册商标本身价值的变化进行关注。被许可人对注册商标的价值往往是有贡献的，被许可人良好的经营会使注册商标的价值得到提升和体现，这对于许可人的商誉有着积极的促进作用。

注册商标的许可人法务应在注册商标许可合同签订前和公司其他部门就此问题进行商讨，对注册商标在许可过程中的增值归属做一个约定。而被许可人法务更应当考虑这个问题，特别是在注册商标许可合同中要求被许可人投入宣传广告费用等义务的，被许可人法务要就注册商标的增值问题提出自己的诉求和主张。现行法律对于该问题并没有明确的规定，所以更需要在注册商标许可合同中对此进行充分协商和明确约定。

2. 注册商标许可合同履行中的审查

对于注册商标许可人而言，许可合同履行中的审查主要是对被许可人履行许可合同的义务做监督，审查是否存在违约行为和损害注册商标的行为。例如，将注册商标用于未许可的产品和类别，超出约定地域使用注册商标，使用注册商标的产品质量不符合要求，使用注册商标过程中擅自改变注册商标文字、图形和颜色等要素，擅自将注册商标提供给他人使用，在许可费用计算中修改财务数据导致许可费未按实际计算，被许可人恶意申请与注册商标有关其他商标等行为。注册商标许可人的法务要在许可合同的履行过程中严格按照合同约定，审查被许可人的实际履行情况，更重要的是当发现被许可人违约行为时要及时采取相关措施，行使合同权利。

被许可人的法务则要密切关注注册商标的基本情况：注册商标权利人有无变化、注册商标有无质押、注册商标有无被异议、注册商标许可人公司有无重大的商标诉讼或仲裁、注册商标其他被许可人数量和规模等。如发现注册商标存在瑕疵，应及时向许可人发函要求说明情况，如果注册商标给被许可人的经营带来实际障碍的，被许可人要及时行使不安抗辩权，保护自己的权益。

商标对于每个公司的意义可能并不相同，但商业法则和经济趋势都表明了注册商标对于区别同质商品、建立公司商誉、树立质量标杆还是有着其特有作用的。法务在公司商标工作方面一定要摒弃形式主义，将商标工作做得更加精细，为商业发展提供驱动力。

二、专利的"花式"使用

专利工作和商标工作一样也是为了公司的商业目的而服务，法务在从事公司专利工作时要以市场和商业目的为导向。专利使用起来才能最大限度地发挥其价值，专利使用最普遍的方式就是公司自身利用专利进行生产、销售；除了自身使用专利外，将专利作为资产出资、作为质物出质、进行专利授权许可使用和专利转让等都是使用专利的方式。

专利业务与商标工作的重大区别在于专利业务和技术紧密联系，科技和工艺往往是专利工作的主要载体和重要内容，法务由于大多毕业于法学院，文科背景的多，理工科背景的少，在面对专利问题时往往会力不从心。如何从技术角度出发解决专利技术性问题，再回归到法律架构解决使用性问题，是法务的主要工作。总之，法务要通过种种制度系统和工作方法使"专利脱胎于技术，回归于法律，促进商务"。

（一）专利的"质"比"量"更重要

专利的数量固然重要，但是专利的质量更为关键。专利申请质量低的弊端很明显：一来在他人侵权时无法依据现有专利有力打击侵权人；二来在专利纠纷时，如果他人对现有专利提出无效申请，则现有专利被无效的可能性会加大；三来质量低的专利申请无谓地增加了公司的相应成本。

1. 保证内部工作的质量

保证专利质量并不能仅要求专利申请代理机构，而是要从公司内部做起，专利申请工作的重心要放在公司内部，只有公司内部才最懂技术，内部的工程师能掌握技术所有的特征，并明了技术在使用中的表现；同时，他们对同行之间的技术差异、类似工艺的区别有着明晰的认识。外部专利代理机构的人员在深入拆分讨论技术和真正领会技术方面并没有达到与公司内部工程师同样的水准，同时他们往往承担了大量的专利申请书撰写工作，难免会出现专利申请较为雷同，甚至流于形式的情况。

2. 提高专利申请质量的小技巧

（1）选择合适的内容申请专利。不是所有技术都适合申请专利，专利需要公开，不适合公开的技术诀窍，可以不申请专利，采取保密方式加以保护。

（2）选择合适的时机申请专利。专利申请的时点对专利的质量很重要，从《专利法》的角度来看，专利的申请日是判断一项专利新颖性和创造性的重要时间节点。同时，专利申请日递交的文件也有很大的法律意义，因为申请日后对专利申请文件的修改和补充均不得超出申请日递交的权利要求书、说明书及说明书附图所记载的范围。

①申请的最晚时点。专利申请的最晚时点就是不能超过其公开的时间。例如，公司研发新产品并准备在展会上公开前，一定要作出专利申请安排。在服务型公司，如果给客户提供综合性的技术解决方案等，而该解决方案具有创新性的，那么要自我评估是否会成

为专利，如果符合专利申请条件，那么在技术解决方案提供前要作出专利申请安排。公司实施海外战略，例如，境外销售、境外生产的，要提前在销售地和生产地布局专利申请。公司在开展资产市场项目时，例如，首次公开募股、定向增发、配股、发行股份购买特定资产时要对公司主要生产技术做评估，并作出专利申请安排。在公司申请国家扶持政策时，例如，申请高新科技公司、创新公司或申请专利财政补贴的时候，就要进行专利申请安排。

②恰当的申请时机。除了上述最晚的申请时点外，法务还应该与工程师等技术人员沟通，选择技术研发的合适阶段来申请专利。技术或者产品的研发过程都很长，例如，一项新产品的研发完成一般要经历立项、研发、中试和量产这四个过程。理论上在上述产品完成或技术成型前后的合适时间都可以进行专利申请，而专利申请最合适的时点还是要根据产品或技术本身来做判断，根据产品和技术与现有产品和现有技术的差异来做判断，根据产品和技术的保护内容来做判断。通行的做法是在产品基本设计完成时就申请专利，而不是等到所有因素都完善后再申请，有些特殊的技术方案等，甚至可以更早，在研发人员搭建出基本技术架构的时候就可以着手申请专利，这些专利主要用来保护解决方案的搭建思路和方法。而在一些特定行业中，例如，生物医药行业的某些技术就只能在实验证据满足后才能提交专利申请，因为《专利审查指南》中要求，如果技术方案要经过实验成果方能验证成立的，那么说明书必须同时具备技术方案和实验证据，而且申请日之后补交的实验证据将不被采纳。

（3）恰当撰写申请文件。申请文件对是否能够获批专利起到非常重要的作用，在撰写申请文件时需要注意以下事项：

①撰写前的准备。在撰写专利申请前,一定要对类似的在先专利做检索[①]、分析和评价,这样做的目的是比较自己拟申请的专利与在先专利在创造性和新颖性上的不同之处。

②撰写合作。在撰写专利申请材料时,法务要和技术人员通力合作,分别对法律和技术撰写要点提出意见并融合进一个申请中。以发明专利为例,其专利请求书包括:说明书、说明书摘要、权利要求书、说明书附图、摘要附图,法务要对上述文件的法律性质和作用做充分了解并告知技术人员,要求他们在撰写申请材料时充分考虑到文件之间的不同要求和相互之间的一致性。这几个文件的逻辑关系如表 3-3 所示。

表 3-3　各类文件关系

名称	文件间的逻辑关系	主要包含的内容
说明书	是权利要求书的依据,支持权利要求书中的权利要求	技术领域、背景技术、发明内容、附图说明、具体实施方式
说明书摘要	检索工具,无法律效力	所属技术领域、要解决的技术问题、解决技术问题的方案和用途
权利要求书	确定专利权保护范围,说明该项专利的技术特征,保护范围与说明书的公开内容一致	所要保护的技术方案和现有技术的差异和联系、确定保护范围作为侵权保护依据、独立权利要求、从属权利要求
说明书附图	补充说明技术内容	发明和实用新型的绘图
摘要附图	补充摘要内容	—

[①] 专利检索网址主要有中国国家知识产权局、欧洲专利局、美国商标专利局、日本专利特许厅等机构的官网。

③申报文件的内容要完备。专利文件递交后，只能在原始公开的范围内做修改，任何超出范围的修改都是无效的。专利申请文件是一份法律文件更是一份技术文件，用语一定要精确，不能自创概念、自创用语，也不能用模糊化的用语。

（4）适当确定权利保护范围。法务和技术人员可以用这样的逻辑路线来确定权利保护范围：商业目的—专利用途—保护范围—具体特征。"大而全"和"小而美"都不是标准答案，都要根据目的来适用。同时，还要查看技术特征是否属于"无效特征"，如果没有这个特征，依然可以解决技术问题，这样的特征要抛弃。

权利要求书的范围应当是"实施例＋说明书中技术方案的描述＋本专业普通技术人员的专业知识"。要注意的是，权利要求书的书写目的是限定专利的保护范围，所以虽然权利要求书可以有一项或多项权利要求，但是还是要注意权利要求多寡和保护范围宽窄的关系。

法务必须和技术人员讲清楚，专利申请文件对后期专利保护的意义，专利申请文件对专利申请后应对他人申请专利无效的意义等，使专利申请文件真正能反映申请专利的技术要点和商业目的。

（二）专利"花式"使用之专利出资

专利作为一种无形资产，可以作为公司出资标的，但是专利在价值、形态等方面和一般资产存在差异，所以要对其作为出资标的物的法律性质和程序规则做深入地了解，并在公司实务中熟练运用。专利出资所可能出现的热点法律问题或者说法务在办理专利出资时应该关注的法律要点主要有以下几点。

1. 专利出资的真实性

法务在办理专利出资时首先要确定出资专利的基本情况要具

有真实性，例如，专利权属、专利剩余期限、专利权利来源，这些是基于自我申请还是受让所得；有无既往使用情况，如有许可给他人使用，被许可人人数、许可范围、许可期限和许可合同履行情况等；有无质押，质押对应的债权情况、质押期限、质押合同的履行情况，质押主合同情况等；有无查封冻结情况，查封冻结具体案件情况等。

2. 专利的权利瑕疵

（1）出资专利的权利瑕疵。法务在办理专利出资时，要详细审查出资专利是否存在权属争议和瑕疵。例如，专利是职务发明，对专利没有所有权，即拟拿专利出资的个人股东仅为发明人，而专利本身属于该个人所在单位。又如，出资专利因未缴纳年费而提前终止的情况；专利权属存在纠纷、争议和诉讼；专利的存续期限短于公司存续期限等情况。如果出资的专利存在明显的权利瑕疵，很可能会造成该出资股东的出资瑕疵，从而导致股东需要在出资瑕疵范围内对外部债权人承担赔偿责任。

（2）出资专利的未来瑕疵。法务要和技术人员一起对拟出资专利进行技术论证，和现有相似技术做对比，主要判断其创造性和新颖性，对其专利的稳定性做分析，模拟有异议人存在的情况下，出资专利有无被宣告无效的可能性。上述审查的目的都是避免专利本身瑕疵而带来的出资瑕疵，出资瑕疵一旦发生不但出资股东对公司内部的其他股东要承担出资的违约责任，同时对外部债权人还要承担相应赔偿责任，而公司其他股东也要为该股东的出资瑕疵对外部债权人承担相应责任。

（3）出资专利的使用瑕疵。法务和技术人员还要共同考虑和论证专利和产品的对应性关系，考察专利和市场销售的对应性关系，考察专利和公司未来发展的对应性关系。专利出资的场景多为所出资专利是标的公司所急需的技术，但是如果专利技术和产品、销售不匹配，也无法达成公司的商业目的，无法完成专利出资的实际目的。

读者可以查看专利出资的相关案例，例如，苏州优冷机电科技有限公司诉吴某某股东出资纠纷一案，陕西长岭电子科技有限责任公司与陕西亚克力洁具有限责任公司、苏某某合同纠纷一案等案例。这些案例对避免专利出资风险有一定的参考价值。

3.专利出资的评估作价

专利的价值往往很难估量，而作为股权出资的财产就必须要有一个明确的价值数额，实务中多用评估来确定专利价值。

（1）评估的必要性。如果出资人是拟成立公司的创始人或者主要股东的，那么评估过程是必不可少的，因为在新公司成立之后，无论是要引入战略投资人还是首发上市都会对这一段专利出资过程做仔细考量，无论是评估的实体方法还是评估的程序问题都会被放大来审视，所以要在出资之初就得把握其合法性和合规性。

在首发上市的过程中，还会被问及出资专利的减值风险问题，这同样需要在出资之初就应该对此问题进行考量，对出资专利和产品盈利的关系、出资专利的摊销问题做好预先研究和安排。

国有公司作为新公司出资人的，尤其要注意出资专利评估值的真实性，如果在出资中认定的专利价值显著高于其真实价值的，可能会形成国有股东出资价格偏高，造成国有资产流失的可能性。

（2）评估的注意事项。在评估过程中，尤其要注意下列事项：

①评估报告有效期。资产评估报告的有效期限一般为一年，在评估报告一年的有效期内，没有完成新公司出资成立的，那么上述评估报告就无法作为出资专利的定价依据了，需要再次进行评估。

②恰当的评估方法。评估事务所所采用的专利价值的评估方法是否合适会影响专利最后评估价值。要杜绝为了做高专利评估值或者做低专利评估值的特殊目的而有意选用不合适的专利评估方法的情况。评估的成本法、市场法和收益法要匹配不同的评估环境。

成本法是根据专利的重置成本来确定专利的价值，主要是研发的人工成本、研发的支出成本和管理费用，还有机会成本。这种计算方式没有反映出专利的市场价值和未来收益所体现的价值，是一种比较保守的估值方式，专利出资人可能会不太赞同。

市场法是指通过对比类似产品的市场交易价格，模糊评估专利的价值，这种评估方式的实施前提是存在交易活跃的市场，否则将缺少参照物而无法实施。运用市场法评估时，采用的参考数据是否准确需要经过分析和论证，因为其对专利价值评估的影响较大，所以一般要进行"可比性分析"和"数据可靠性验证"，在对数据差异进行充分调整后才能作为确定专利价值的依据。

收益法是目前比较流行的专利评估方法，包含三个具体的方法：第一个方法是超额收益法，就是考虑专利未来可以带来的成本节约、市场份额的增加和溢价收益，这种方法需要考虑专利使用前后不同的产品价格、产品成本和产品销售量。第二个方法是利润分成法，就是通过对专利一定期限内的利润分成率、预期收益、剩余收益期限和折现率来计算专利的价值。第三个方法是许可费节省法，就是模拟公司在没有专利的情况下，要向他人支付的专利许可费金额，来计量专利价值。

以下因素也会影响专利价值的评估结论：专利权利的难以复制程度、专利权属的完整程度、专利对外许可和使用的情况、专利发明成本、行业景气因素、公司发展前景等。

4. 专利出资的程序性要求

专利出资要满足一定的程序，并留下相应程序性文件，才能有效地完成专利出资。

（1）出资人的决策程序。专利出资人是非自然人的，在出资前就要出具相应决策文件：有限公司的董事会、股东会决议（视该公司章程具体规定而定）、有限合伙企业的合伙人大会决议等。

（2）对拟出资专利进行资产评估。选聘具备资质的评估机构，选择恰当的评估办法，遵照合法的评估流程得出拟出资专利的资产价值。

（3）完成出资。各方签订出资协议、公司章程等文件并进行实际出资。如果专利出资人是将专利整体出资的，要进行专利人的变更登记；如果专利出资人仅是将专利使用权作为出资标的的，要另行和新公司签订专利实施许可合同，同时进行专利的实施许可备案。如果上述专利人未完成变更或专利实施许可备案，就有可能被认定为出资不实。

（4）出资专利的实际交接。这一块工作在实务中往往会被忽视，但该项工作十分重要。专利权不仅是专利文件中反映出来的技术特征，专利权的实施和使用更需要专利人在工艺流程、技术要点、生产要件、材料配方、质量控制、图纸模具等方面进行细化和具体实施。出资人仅将专利权变更到标的公司名下，并不意味着标的公司就实际掌握了专利，并能加以实施。法务要在出资协议或者出资交接清单中体现对专利出资的交接要点和要求，根据标的公司的生产需要和专利使用要求制定详细的交接清单，以达到实际掌握专利的目的。

5. 专利出资对于标的公司的商业考量

专利出资时，除了要考虑相关法律问题外，还应该考虑相关商业问题。公司股东以专利权进行出资，主要目的在于使标的公司有权对专利进行使用。法务对专利权的商业价值要进行判断，审查专利本身与公司的商业战略是否契合，专利能否提升公司产品的价值，专利是否可以帮助公司技术创新和产品升级。要注意到专利在成为成熟的生产技术时，都要经历实验室技术—小试—中试—量产的几个阶段。如果出资的专利仅处于小试或中试阶段，那么该专利还不具备批量化生产的条件，虽然离量产只有一步之遥，但仍需要投入很大的研发人力和财力，才能将之从实验室技术转化为真正的可量产的技术。法务对这些专利，要分析未来需要投入的成本，考虑无法转化为量产技术的风险。同时，由于专利出资的税务问题较为复杂，在出资前，法务要根据公司搭建框架和出资意向性约定，对可能发生的税收事项和费用支出、财务处理作出预判和安排。

（三）专利"花式"使用之专利许可

专利许可是实务中最常见的专利使用方式，基于专利许可双方利益的不一致，双方法务在办理专利权许可时关注的焦点问题会有很大差异，本部分从许可人和被许可人两个角度来分析各自的关注点和实务操作。

1. 许可人角度

许可人角度的要点可以归纳为安全性和可发展性，要保障许可人的安全，必须清楚被许可人的资质和能力问题，也就是搞清楚被许可人是否有能力实施专利，由该特定的被许可人实施专利对许可人的商业战略是否有帮助。下面试以一则案例来展开讨论许可人的交易和法律关注点。

📝 基本案情

甲公司是一家新型公司，掌握了一项新型零件的生产专利技术，这种新型零件是汽车现有的一种零配件的替代品。甲公司自身具有生产该种新型零件的生产能力，但是甲公司并没有进入整车公司的供应商名单，无法直接将生产的新型零件销售给整车公司。基于这种情况，甲公司拟找一家现在已经在整车公司供应商名录内且生产现有零配件的公司合作。这样可以实际性地进入整车公司的供应商名录，并将新型产品出售给整车公司。

甲公司经过考察，比较了不同公司的生产能力、技术实施能力、设备情况、年销售额、合作关系等不同维度，最后选定了两家公司——乙公司和丙公司来进行商务洽谈。甲公司可以有两种方式来完成上述商业目的：第一种，甲公司自己生产新型零件并出售给合作公司，由合作公司再出售给整车公司；第二种，将专利权许可给合作公司，由其来生产并出售给整车公司。甲公司在上述两种方式中进行了选择，发现自行生产转售方式的好处是可以有效地保护专利，避免生产工艺等技术要点泄露；但是其弊端是对合作公司而言并没有很大的利益空间，自然也就没有很大的动力要和甲公司合作；并且不符合整车公司的供应商要求。第二种方式的好处是合作公司可以在生产新型零件中取得更多的利润，但弊端是专利权的保护存在一定风险，且甲公司的利益如何体现还需要进行协商和设计。

许可方案设计

1. 许可模式

甲公司最后还是决定以专利权许可的方式来与合作公司开展业务,甲公司的利益通过新型零件的销售额提成的方式来实现。同时要求合作公司采取合适手段来保护甲公司的专利权不被泄露。

2. 具体保护措施——乙方的义务

安排特定的生产人员来实施专利权,这些生产人员需要全部签订严格的保密协议和竞业禁止合同。

乙公司销售范围仅限整车公司而不能出售给其他零配件厂家。

合作期限以专利授权期限为基准,在15年专利授权期限内分成了5个合作期限。甲公司在第一个合作期限内设置了销售额指标要求,第一个合作期限届满后如果销售额达到了指标的要求,双方才开始第二个合作期限。这样安排是基于专利授权期逐年减少,专利权必须在有限的时间内最大限度地产生效益,所以如果乙公司无法在第一个3年内打开市场,那么甲公司就应该选择其他合作方合作,或者改变合作方式,以便提升专利权价值。

乙公司在生产中得到的进一步的延伸专利,仍归属于甲公司,但是甲公司要给予乙公司上述延伸专利评估金额一半的款项作为补偿。

3. 甲方的义务

甲公司需提供新型零件生产和售后的技术人员以及相应的

技术支持。

给予乙公司第一个3年内的专利权的独占许可，保证乙公司对新型零件的独家销售权利。

甲公司按照逐年递增的方式收取乙公司专利许可费用，第一个3年甲公司仅收取很少的专利许可费，第一个3年的专利许可费用内扣除乙公司为了生产新型零件而投入的设备、模具费用；后4个3年的许可期内逐步提高许可费用，保证甲公司的商业利益。

延伸专利被授权后，乙公司如完成各个许可期限销售额的，甲公司应给予乙公司3年的独占许可，延伸专利许可费用按照每年固定金额来计算。

2. 被许可人角度

被许可人最关注的事项为许可费用和被许可的权利内容。许可费用中最关键的争议焦点是许可费用的计算标准、许可费用的支付条件，而被许可的权利内容需要看双方的权利诉求和商业模式的特点。

（1）许可费用。专利权许可费用和产品价格一样都是由价值和供求关系来决定的，价值原则在专利许可场合下就是要充分考虑许可专利所处的技术领域、专利的权利类型、专利本身的技术特征等，判断该技术在市场上是否有商业价值。供求关系则体现为被许可人对许可的专利权是否渴求，许可专利是否有其他的替代方案，市场上同行业对该专利的评价和使用等。

①许可费用数额与成本、收益的关系。许可费用是否合理很大程度上要看其对降低成本和增加收益这两个主要经济维度的贡献。

如果可以大幅降低成本，那么许可费用可以按照降低成本的比例来提取；如果可以大幅增加收益，那么许可费用就可以按照增加收益的比例来提取。如果和其他经济维度有关，如市场份额，那么可以按照其他经济维度来提取。例如，通信行业，专利权许可费用的通常计费模式就是按照智能手机的整机售价收取一定比例。

不同的专利权许可方式也会使许可费用数额产生差异，一般而言，独占许可一定比普通许可费用更高一些。

作为被许可人的法务要对专利权许可的类型做详细拆分，一项成熟的、市场效益好的专利很有可能采用地域性或产品限定性的许可方式，要对比许可人与不同被许可人的费用标准来反推和验证自己所在公司的费用标准是否合理。对于不那么成熟的专利权或者未经市场验证的专利权，除了谈判前对技术的论证外，作为被许可人的法务要考虑实施专利所投入的设备、人力等成本，以及量产实验、新产品市场推广等成本，除了降低专利权许可费之外，还可以和专利权人协商共同承担相关实施成本和市场成本。

②许可费用表述。在设定专利权费用条款时一定要结合技术、销售、成本等因素，建议采用公式等方式来体现许可费用，例如，专利权许可费=（专利权许可会计年度内专利产品销售总额－专利产品生产成本－专利产品销售费用）×2%；同时上述公式内的产品销售总额按照该专利产品的开票金额和审计数据孰高确定，专利产品生产成本和销售费用按照审计数据确定。

再如，专利产品是一种整机设备上的一个关键部件，使用了许可专利可以使该关键部件的成本得到大幅降低，则要按照节约的成本来计算专利许可费，但是专利许可费实现的前提是含有该关键部件的整机设备完成销售。此种情况下，可采用以下公式：专利权许可费=（专利权许可前单个原产品的生产成本－专利权许可后单个专利产品的生产成本）×1.5%×专利许可费结算周期内的专利产品使用并完成整机销售数量。

公式仅能给出一个大体的计算思路和最重要的几个计算要素，真正的专利权许可费在计算时必须综合考虑财务政策、会计政策和税务规定等因素。因此，建议在专利许可费用计算的条款中除了规定计算公式外，还应该书写清楚双方对许可费用计算的合意和认识、双方对许可费用定价的意识表示、双方对许可费用定价的各自考虑要点和最后达成一致的要点。这样如果在具体实施中发生争议，法官还可以根据双方真实意思表示来恢复当时双方对定价的真实目的，并判定和解决争议。

③与许可费用有关的其他事项。在专利许可谈判中一般被许可人会处于自然劣势，许可人会要求把费用计算方式书写得一目了然，主要用来保证许可人的收费利益。而被许可人在许可发生前也无法准确判断专利的实际市场效果，同时要承担大量的设备改造、人工投入、实验费用等成本。被许可人的法务可以把交易背景做一个介绍，把许可过程被许可人需要承担的费用等在合适的文件中列示，并在合同及其他文件中把许可费用支付的前提条件和被许可人希望通过专利权许可达成的商业目的等交易背景描述清楚。如果发生许可费用纠纷或是在许可合同无法实现商业目的的时候，上述交易背景可以成为判决的重要参考。交易背景同样可以在谈判中的各种会议纪要和往来邮件中进行描述。

（2）许可费用支付时间。

①专利权许可费用的支付与专利产品完成销售的关系。如果支付在专利产品完成销售之后，那么销售数额确定，无论是定额的专

利费用还是按比例提取的专利费用都容易计算、执行和评价。如果支付在销售完成前，那么按照比例提取的方式显然无法适用，只能适用固定费率即定额的方式，但是当销售额与预期相差很大时，就容易产生纠纷；同时，定额金额的事先确定也会比较复杂，即使是专门用于许可的成熟技术，也会因为市场的不同而出现不同的销售结果。

②专利费用的一次性支付和分期支付。如果分期支付专利费用，那么分几期、每期怎么分都会影响到双方的利益，对于被许可人自然是完成销售甚至要取得利润后再支付许可费是最理想的，一方面可以减少资金压力，另一方面可以观察专利实施的市场反馈；但是，作为许可人一定希望尽快取得许可费，并且不希望分期太过分散，其心态与房屋出租方的心态类似。

双方权利义务的落定和专利的稀缺程度、市场价值以及双方的商业定位有很大关系，虽然商业合作的强势、弱势地位无法改变，但是如果法务作为被许可人一方参加谈判，还是应该在许可费的支付时点这个问题上尽量争取对方让步，分期越多越可以给被许可人创造较为宽松的资金环境。同时，要结合公司资金情况和融资成本等要素对许可费用的分期支付作出考虑安排，而不是单纯根据专利许可合同来确定。理解和揣摩许可人在分期支付问题上的心态，作为许可人可能会更看重被许可人的稳定性、支付能力和商业信誉，所以在专利权许可项目中许可人要求对被许可人进行综合尽职调查的情况越来越多，许可人不但要判断被许可人对专利的实施能力、原来的市场份额、销售业绩，还要对其合法合规程度、公司治理以及公司信誉等作出判断。因为对于许可人而言，分期收取专利权许可费用，就等于是收到了"支付白条","白条"出具者能否完成支付与其本身实力和信用指数密切相关；所以作为被许可人的法务要从分期支付的商业合理性和被许可人支付能力与信用出发，说服许可人接受"白条"。

3. 互赢角度

（1）创立更符合双方利益诉求和现状的支付模式。如果单纯的事后分期或者一次性支付都不能完美体现专利许可合同双方诉求，那么法务可以根据实际情况创设新的许可费用支付模式，我国法律并没有对许可费用支付做具体规定，而把许可费用支付事项完全留待合同双方协商确定。因此，实践中可结合具体情况协商确定支付模式。例如，采取一次性付费和分期付费相结合的方式，有些行业中称之为"入门费"+"提成费"，就是在专利权许可合同生效的若干时间内，先由被许可人一次性支付一笔"入门费"，随后被许可人就有权使用专利，"入门费"有高有低，基本基于双方的谈判，有时候比较高的"入门费"在支付后也可以逐笔冲抵后面分期支付的"提成费"，或者"入门费"带有保证金性质，可以在特定条件内予以归还被许可人，同时还可以具有"履约保证金"性质，用来保证被许可人按约履行专利权许可合同。分期支付的"提成费"顾名思义就是在销售发生或者利润发生或者其他提成基数事项发生后再予以结算的费用，其费用金额一般为基数的某一个比例。这个比例可以是一直固定不变的，也可以是递增或者递减的，还可以是分阶段变化的，决定因素取决于商务场景和双方诉求。

（2）费用计算基数。商务实践中针对按照一定比例来收取专利许可费用的弊端——比例基数不好认定的问题，也作出了创新。当专利许可费用比例的基数是销售总额、利润总额等数据时，作为许可人肯定要排除被许可人作弊隐瞒的情况，而被许可人也要注意基数本身的计算依据是否合理，是否会额外增加被许可人的负担。例如，在以销售总额为提成基数时，被许可人的法务就要剔除一些看起来属于销售，其实并不是销售的数据，例如，甲公司是被许可人，甲公司有一个控股子公司或者全资子公司乙公司，甲公司将专利权产品出售给乙公司，那么因这一类销售行为而形成的销售总额，从被许可人角度出发就不应被统计入许可费用计算的基数。同样地，对于销售后又退货更换的专利产品，即使在账册上可能会被记载为销售，也应该不作为计算基数，但是在此种情况下多支付的税费却应该被确认为是可以扣减的销售费用。还有一些专利产品作为样品赠与或者试用的产品也不应被计算为销售总额。残次的专利产品如果进行出售其专利许可费用是否要根据残次专利产品和正品价格之比例，同比例降低专利许可费用也是需要考虑的内容。总之，被许可人的法务在考虑上述问题时一定要和公司其他部门充分沟通，多列举在生产和销售中可能出现的不同情况，分析每种情况下许可费用计算的不同差异，并找出肯綮所在，再加以解决。可以在合同中作出约定，也可以在合同附件中将情况一一列举，尽量细化。

综上所述，法务对专利的管理应是全方位的，其目的都是提升专利对公司的价值，其实就是一种"市值管理"。在专利管理中要逐步建立专利转化创利的商业观念，并对本公司内部的专利体系建设、专利战略布局、专利工作标准和专利保护体系作出安排；同时应善于利用本公司的资源，整合对接政府政策。

第四章 公司治理

公司治理业务综合性强，事务性工作量大，要做好，需要熟悉《公司法》等相关法律，深刻理解公司管理，对公司内部的权利安排、利益冲突、制约监督等制度架构要有清晰的认识。此项工作是外聘律师很难取代法务的工作，但是做好不易。法务在工作中要高屋建瓴，从公司整体架构出发考虑公司股权架构，在具体实施中回归公司制度细节。本章从股权、公司章程以及股东会（股东大会）、董事会和监事会制度这三个维度展开讨论。

一、股权

（一）股权两要素：股东和股比

公司设立最基本的要素是股东人选和股比安排，这两个基本要素确定后，公司的股权结构雏形就基本完成。设立公司时究竟应该怎么安排股东和股比，不同的股权设置会对公司经营和股东各自权利带来何种影响？本章节拟对此项内容展开讨论，争取厘清这些困惑。

1. 股东

（1）有限公司的股东选择。有限公司人合性特点鲜明，往往通过投资人之间的选择产生股东，有限公司股东选择可以分为两种情况：已成立的公司对新股东的选择和新成立的公司的股东选择。

①已成立的公司对新股东的选择。由于公司已经存在，老股东可能对新股东有一定的选择条件，如对新股东的资产规模、业务范围、成为公司股东后对公司的贡献度等方面都会有一定的要求。如果已成立的公司盈利水平预期良好，那么想成为新股东必须要让渡一定的权利给老股东，否则老股东不会愿意白白让新股东分一杯羹。

新股东进入已成立的公司通常有以下两种途径：受让老股东的股权、进行增资，或者将以上两种途径进行叠加综合使用。新股东通过受让老股东的股权进入新公司，首先要考虑如何与老股东的优先购买权不冲突。优先购买权是一种法定的权利，其法律依据为《中华人民共和国公司法》（以下简称《公司法》）第71条的相关规定："有限责任公司的股东之间可以相互转让其全部或者部分股权。股东向股东以外的人转让股权，应当经其他股东过半数同意。股东应就其股权转让事项书面通知其他股东征求同意，其他股东自接到书面通知之日起满三十日未答复的，视为同意转让。其他股东半数以上不同意转让的，不同意的股东应当购买该转让的股权；不购买的，视为同意转让。经股东同意转让的股权，在同等条件下，其他股东有优先购买权。两个以上股东主张行使优先购买权的，协商确定各自的购买比例；协商不成的，按照转让时各自的出资比例行使优先购买权。公司章程对股权转让另有规定的，从其规定。"司法实践中，新股东未按照上述法律规定履行通知等程序性义务而完成股权转让的，往往会引发诉讼，没有行使优先购买权的老股东会要求确认股权转让行为无效。

通过增资进入公司也会遇到类似问题，增资后要修改章程，修改章程需要召开股东会，并需要绝对多数的表决权才能通过。即新股东进入已成立的公司，需要事先取得老股东的认可和同意。

②新成立的公司的股东选择。要新设一个公司，所有股东须对注册资金、各自股权比例、出资方式、出资期限、董监事人选、高管人选、财务人选等众多内容达成一致，因此，各股东之间就新公司成立事项的合意是新公司成立的基础。

股东之间的不同定位是新公司成立时需要考虑的重要因素。各个股东的自身情况并不相同，其对新公司的作用和支持也会有所不同。例如，甲公司是一家国有独资公司，乙公司是一家境外新技术公司，由技术持有人及其技术团队控股。甲公司和乙公司想共同成立一家合资公司，生产一种新型能源设备。乙公司之所以愿意和甲公司合作，是看中了甲公司愿意在新公司的平台上以现金方式出资，给新型能源设备项目提供资金，技术团队可以免去筹资之苦，把精力放在研发和生产上。对于甲公司而言，虽然有雄厚的资金，但是却不掌握前沿科技，在产业转型的目标下并没有有力的支撑业态，同时也不具有一个可以实施新型科技产业的研发、生产和质控的团队，所以与乙公司合作，对于甲公司而言是用资金换取项目，赢得团队，转化业态，提升产业转型的速度。

在上述情况下，甲公司和乙公司采取在未来生产基地设立新公司来完成双方的合资意图。在设立新公司的时候，对于股东的选择基本方案是由甲公司与乙公司共同来组成股东，但在细化的股东组成方面，可以基于公司未来发展对股东设置进行更多的考虑。例如，为了保证技术团队的忠诚度，在合资初始就将技术团队个人设置为股东，给予按照注册资金出资的权利；或者考虑到未来上市的目的，在合资初始设计好第二阶段引进外部战略投资者的方案和股比。

③法务的关注点。有限公司中老控股股东或者发起人对新股东或非发起人股东的选择有比较大的话语权，股东人选和股权比例的确定基本由老控股股东和发起人来确定。作为老控股股东或发起人的法务在决策者确定意向股东时可以关注的法律事项如下：

第一，关注意向股东的公司性质。如果标的公司原来是非国有公司或者仅为国有参股公司，那么就要先判断引入新股东后，是否会发生公司性质的改变。如果引入新股东后标的公司变成了国有控股公司那么标的公司的管理和运营就要按照国有企业所涉及的相关规定来办理，这对于标的公司是一个很大的改变。法务要提示决策者，这种改变的存在和相应需要作出的管理调整。

第二，关注标的公司实际控制人和控股股东是否会在引入新股东后发生变化。这一点特别是在有上市安排的标的公司中显得尤其重要，如果标的公司的实际控制人和控股股东发生变化，对首次公开募股的申报进程有很大影响。同时，在很多银行贷款合同中，实际控制人和控股股东的变化不但是借款人需要及时报告银行的事项，同时也是银行作为出借人可以提前收回贷款的事项。如果标的公司还发行了公司债券、公司债等融资产品，实际控制人和控股股东变化也是重要的信息披露项目，对于融资产品存续等事项也有一定的影响。

第三，关注股权变化完成后是否会形成大量关联交易等问题。这个问题在产业链上下游的股权投资中经常会发生，例如，甲公司是乙公司的母公司，而丙公司与甲公司、乙公司均无股权关系，丙公司是乙公司前十位的供应商。后甲公司旗下的基金F通过增资持有了丙公司15%的股权，此时丙公司与乙公司就形成了关联方，丙公司与乙公司之间的销售行为就形成了关联交易，由于丙公司是乙公司的前十位供应商，这种关联交易就显得比较突出。关联交易本身并非禁止事项，但是无论是一般公司还是上市公司在财务和审计过程中都要对关联交易投入一定程度的重视，所以标的公司必须针对关联交易的定价、交易程序等事项在公司管理制度中进行调整。

除了上述关注点外，股权变化肯定会带来公司内部的管理模式、人员安排和交易方式等方面的较多连锁反应，而这些工作，正是外部律师无法深入从事的，所以法务必须在上述问题和其他股权变动后的连锁问题上事先提示、提前安排并做好应对。

（2）股份公司的股东选择。股份公司的股东选择也可以分为两种情形：非公众型的股份公司的股东选择和公众型的股份公司的股东选择。

①非公众型的股份公司的股东选择。这种股份公司比较类似于有限公司，其股份并不可以在公开市场上交易，所以这种股份公司在引进新股东的时候，如果按照增资的方式来进入，则仍需要经过其股东大会的同意，具体程序可以视其章程来操作。如果按照老股东转让给新股东的方式来操作，股份公司的股权转让并没有关于"优先购买权"的规定，所以股份公司的老股东在将自己的股权转让给新股东的时候，不需要履行有限公司老股东转让股权时的通知

等程序，其他老股东也不享有同等条件下优先购买被转让股份的权利。但是，如果该股份公司的章程对老股东转让股权有相关制约性规定，那么拟转让股权的老股东还是应该要按照章程的规定履行相应股权转让的义务。

②公众型的股份公司的股东选择。这一类公司又可以分为上市的公众型公司和非上市的公众型公司，前者当然以上市公司为代表，其主要特点在于其股份可以以股票的方式在二级市场上被自由买卖。而后者的主要法律依据来源于《非上市公众公司监督管理办法（中国证券监督管理委员会令第190号）》中的规定："非上市公众公司（以下简称公众公司）是指有下列情形之一且其股票未在证券交易所上市交易的股份有限公司：（一）股票向特定对象发行或者转让导致股东累计超过200人；（二）股票公开转让。"据此，非上市的公众公司并没有在上海、深圳和北京的证券交易所进行挂牌。

对于上市公司而言，由于其股票可以自由流通，可以说是每天都有可能产生新股东。所有上市公司的股东要按照《证券法》等相关资本市场法律和要求来行权，购买股票时符合相应程序和法律要件。上市公司对于二级市场买卖而带来的新股东无法进行选择和甄别，但是上市公司可以通过定向增发、发行股份购买资产等方式来引进特定新股东，这些场合下对新股东可以有所选择。

总而言之，要作为一家公司的股东，肯定需要具备一定的能力，无论是资金能力、技术能力、市场开拓能力还是管理能力，股东所具备的这种能力必须是对公司有帮助的，也就是说，公司吸收股东肯定要权衡该股东能否给公司带来支持，这一角度演化到标的公司选择股东的时候就需要法务从上述公司需求考察拟成为股东的软性资质或者和标的公司的匹配性。

与此同时,从股东的角度看,是否应该持有一家公司的股权也要衡量该股权投资可能给予的回报,无论是投资收益率、实现股东商业战略布局、提高公司市值,还是股东可以通过股权投资消灭竞争对手获得更多市场地位,这些都是股东实施股权投资的目的和原因。

作为法务,要从所处的不同位置出发,从需要满足的投资目标或者重组目标出发,来选择不同的股东、实现不同的商业目的,规划对应的股东结构、搭建适合的公司架构。

2. 股比

股比对股东而言最大的意义是其代表了资本的力量,代表了股东在公司中的财产份额和权利基础,也代表了股东需要履行的义务。

(1)股比最关键的作用在于实现不同状态公司投资的目的。甲公司想要控股一家连锁酒店集团,但是该连锁酒店集团的各个股东并不想出售股权,也没有增资进入的可能性。于是,甲公司经查询发现连锁酒店集团的控股股东为乙公司,乙公司的控股股东为丙公司,丙公司的控股股东为丁基金,甲公司立即与丁基金进行了沟通,希望可以在丁基金退出的时候购买丁基金持有的丙公司的股权,从而成为丙公司的控股股东,最后间接成为乙公司的控股股东,其路径为:甲公司—丁基金—丙公司—乙公司。由此可见,是控股还是参股都是取决于投资人在项目中的定位,如果要实际作为战略产业或者板块发展,那么哪怕间接控股也要实现控股权。

一些股权投资基金在投资时并不追求很高的股比和控股权,其所有的投资都是财务投资,并不将之作为一项产业来完成,而是通过退出来实现投资收益,小股比可以帮助其灵活地转让和退出。

(2)股比和公司治理的关系。

①股比与董事会席位。股比大的一方在公司"三会"中的席位会相对多些,决策权也更集中。例如,甲国有独资公司与乙科技公司成立合资公司,甲公司作为大股东都会要求持有大多数董事会席位,从而在董事会表决程序中形成决策权相对集中的情况。但并不是所有的股比都会和董事会席位和决策权相对应,特别在目前股东间合作方式比较多样的情况下,股比和公司"三会"席位和决策权也存在不对等情况。

②股权的未来安排。股比本身的落定还取决于投资各方的协商,实践中,投资各方不但会协商确定新公司设立之初的股权比例,还会进一步确定若干年后的股权比例设定,这主要是为了对公司以后发展提前作出规划,也是为了兑现一方股东对另一方股东的利益承诺。

下面我们来看两则案例。

案例1

甲集团是一家地方政府的引导基金,甲集团与乙博士拟共同成立一家高新科技公司丙,在丙公司设立前,甲集团与乙博士约定,由甲集团现金出资6000万元,并占丙公司60%的股权,而乙博士以技术出资,技术评估价为4000万元,占丙公司40%的股权。

双方对于未来丙公司业绩和股权比例作出了进一步的安排,具体条款如下:

（1）5年约定：自丙公司成立后起，5年累计的销售额达到2亿元，并上缴当地税款5年累计3500万元的，甲集团在第六年的4月1日前将其持有的丙公司的股权的15%转让给乙博士或乙博士指定的第三方，上述转让价格为6000万元×15%×（1+15%），上述转让完成后，甲集团共持有丙公司股权45%，乙博士持有丙公司股权55%，同时双方协商改组董事会。

（2）10年约定：自丙公司成立后第六年起，第六年到第十年累计的销售额达到5亿元，并上缴当地税款5年累计7000万元的，甲集团在第十一年的4月1日前将其持有的丙公司的股权的25%转让给乙博士或乙博士指定的第三方，上述转让价格为6000万元×25%×（1+25%），上述转让完成后，甲集团共持有丙公司股权20%，乙博士持有丙公司股权80%，同时双方协商改组董事会。

由上述关于股比约定可见，甲集团在整个丙公司的投资项目中，实际扮演了一个创业投资孵化器的作用，其根本目的并不在于长期持有股权，而是通过投资的方式为当地带来一个高新科技公司或者高新科技产业，所以甲集团愿意用比较低廉的价格在丙公司完成销售额和利税的时候让渡自己的股权给技术领军人员乙博士，实际上就是给技术领军人员产业落地的奖励。甲集团最后保留了20%的股权，如果丙公司上市或者业绩大发展，该20%的股权就可以长期持有或者按照市场化操作来取得高额回报，以达到国有资产保值增值的目的。

案例2

一般来说，投资各方会基于公司的发展规划对未来股比预先作出一个安排。例如，甲公司与乙公司成立了丙公司，甲公司股比为 45%，乙公司股比为 55%；同时各方约定丙公司在第 5 年的时候要进行首发上市工作。针对这一目标，甲乙双方约定，丙公司成立第一年的 12 月前，引入第一位战略投资人，战略投资人的股权由甲公司转让 5% 股权、乙公司转让 5% 股权的方式来完成。丙公司成立第二年的 12 月前，引入第二位战略投资人，并实施管理层持股计划，第二名战略投资人以增资的方式完成，管理层持股也以增资方式进入丙公司，待两批不同人员增资完成后，甲公司股比为 28%、乙公司股比 34%，第一位战略投资人股比 7.2%，第二位战略投资人股比达到 20.8%，管理层共持股 10%。由此可见，这样的股比计划为将来首发上市公司奠定了良好的股改基础，确定了不同利益团队的股比份额。

（二）股权的热点问题

股权是一个精致又复杂的事物，股东只是股权的所有权人，而股比只是股权的外在数额体现，无论是股东还是股比都不能完全诠释股权。在实践中，股权纠纷是最常见同时也是最复杂的纠纷，本部分选择出资、股权质押、股权激励等一些热点问题展开讨论。

1. 出资

出资是获取股权的基础行为，出资的种类和方式是一个新公司的基石，也是不同股东之间合作的基础，还是股东之间协商的关键事项，法务应注重出资行为的合理性和合法性，并关注以下问题。

（1）出资方式是否合理，是否有助于公司未来运营和股东之间的合作。例如，甲公司和乙公司一起出资成立了一家新公司丙，在出资时，甲公司以全部的现金出资，而乙公司以其持有的专利技术和二手专用设备出资，同时乙公司的专利技术所对应的产品尚未在市场上进行大批量销售，专利技术本身价值难以确定。在这种情况下，从出资的难易程度和价值大小而言，甲公司的出资显得更为有价值，而乙公司并没有拿出"真金白银"来出资，顺着这个思路来考虑，乙公司的投资风险并没有那么大，因为专利技术和专用设备不会随着新公司的开办而被消耗，相反甲公司的现金出资，肯定在新公司运营过程中会被逐渐消耗。从上述角度看，甲公司承担的风险较大，而乙公司似乎选择了风险较小的出资方式。当新公司失败清算时，如果专利技术和专用设备无法变现或者价值很低，甲公司和乙公司一起分配新公司剩余财产时，甲公司就比较为难了，因为如果甲公司拿专利技术的话，甲公司很有可能无法使用，或者会产生很高的使用成本和前期投入，还要折算现金给乙公司，但是如果不拿专利技术的话，就得盯着乙公司拿现金，怎么看都是比较尴尬的局面。

（2）实际交付出资的时间设置是否合理。股东出资是公司运营的资金基础和动力源泉，特别在公司经营前期，无法靠公司自身盈利维持公司的日常运作和扩大再生产，需要股东的资金投入。从此角度看，各股东一次性把出资款汇入新公司，才有充足的资金支持。然而，从股东角度看，每个股东都有资金压力和资金成本，如果可以分期支付，不但可以减轻股东的资金压力，而且可以减少机会成本。这种情况下，新公司和股东的诉求和利益存在一定冲突，换个角度而言就是管理层和股东的利益诉求不一致，新公司发展和股东资金压力不一致。

解决这个问题的关键是对新公司的经营业绩和资金需求作出一

个合理的预判，每个发展阶段的财务预算也很关键。合理预测后，就可以在新公司的设立过程中对股东的出资作出分期安排，资金的交付要与新公司的运营资金需求相匹配。除了设立时的出资安排外，在新公司存在大型项目或者临时扩产需求时，也可以通过拟定股东会（股东大会）决议的方式来对各股东增资进行约定，以提供新公司需要的资金。

新公司设立时的出资协议等文件中，股东各方也可以对增资事项作出安排，以免资金需求发生时，各股东意见不一致导致增资行为流产。对于设立时预先安排的增资事项可以先约定增资股东方，即由哪些股东行使增资权利义务；对于增资数额，可以写具体的增资总数也可以写一个增资数额的确定原则；对于增资比例，可以由各股东同比例增资，也可以在不同股东中按照股比分配；增资实际交付时间，约定在何时进行实际出资，可以是一个具体的时间，也可以是出资时间的原则性描述，如"在公司发出实际出资通知书三日内完成出资义务"；对于增资优先权，可以约定哪些股东拥有优先增资的权利；对于增资义务及违约责任，可以约定未按时完成增资的股东应承担何种法律责任；此外，还需约定增资后分红等权利的对应变更。

（3）出资义务及其违约责任。为了避免未来争议，在合资协议、章程、股东会决议等文件中对股东违反出资义务要做约定，可以考虑以下几个方面的约定事项。

①股东的不同出资时间差异。如果所有股东都是以现金出资，那么出资时间会比较统一也会比较好判断，但是当不同股东出资财产不同时，就往往无法来约定一致的出资时间。例如，股东以专利权出资的，就需要在专利局进行变更备案；股东以土地房屋出资的，

就要在产权监理处进行过户；而股东以商标权出资的，就要在商标局办理变更登记；股东以股权出资的，就要签订相关协议并在市场监督管理局做变更登记。由此可见，上述出资方式都要进行不同的变更手续，其完成的时间不太好统一，所以法务要根据不同的出资情况对出资时间进行约定，不同股东之间出资完成时间有差异的，还要根据差异本身的不同，排除对现金出资股东的不公平情况。

②股东出资不能及其相应责任。对于非现金出资的股东，出资过程中有可能因为这样、那样的问题而无法出资或形成瑕疵出资。例如，以土地房产出资的股东，如果在出资过程中，土地房产被他人查封冻结了，那将在很长一段时间内无法完成土地房产的过户登记。拟以土地房产出资的股东必须要寻求完成出资的解决方案，如延迟出资或者替代出资。

延迟出资，即待阻碍出资事项结束后再行出资，但需要征求所有其他股东的同意；同时，存在不确定性，如果土地房屋最终被法院执行拍卖处置了，不再属于股东所有了，就无法完成出资。而土地房屋在延长出资的时间段内大幅增值的，那么就相当于新公司因该股东的出资不能而丧失了很大的增值利益，这笔损失应该由谁承担是需要提前予以明确的。

替代出资，即一般以现金替代原出资物的方式完成。可能发生的纠纷是股东原拟出资的土地房屋无法成为新公司的生产场地，新公司从而需要支付更多的代价获得生产场地时，需要多支付的场地成本是否属于新公司损失，是否应由出资不能的股东承担呢？

出资问题之所以会形成司法实践中的种种纠纷，就是因为出资方式的变动造成很多利益的冲突，产生亏损或收益缺口后的责任承担往往是最后争议的焦点。在非现金出资的场合，先就非现金出资的可能性做充分的调查和预判,就非现金出资的可行性做判断,并对可能产生的责任和分歧作出协议安排。

出资不能的最坏情况在于股东无法进行拟定的非现金出资也无法采取替代方案出资。例如,某一股东需要以一项特有的专利技术出资,此专利技术是新公司的产品生产基础和必备要件和前提,如果该项专利技术无法归属于新公司,那么新公司将无法开展正常的产品生产,此时如何处理会存在很大的争议。建议在投资协议或者章程中明确此种无法出资的极端情况的处理方式,明确是否可以排除其股东身份,并约定具体的操作程序和救济途径。

③股东出资不实及其相应责任。股东出资不实多见于非现金出资的场合,股东出资实物的价值严重低于其出资额的情况。股东出资不实与股东出资不能的不同之处在于股东出资不能在新公司设立时就能发现,而股东出资不实可能要在新公司运营一段时间后才能发现。可能构成股东出资不实的情况有很多种,例如,在股权出资的场合,如果评估时有偏差,那么股权的实际价值就会低于评估价值,从而形成股东出资不实。再如,专利权出资,不同的评估方式可能会形成不同的专利权出资价值,如果采取最高的评估值作为出资额,那么也容易就出资是否不实形成争议。或者以专利权出资的股东,在评估时未披露专利权许可情况,造成专利评估价值虚高。在新公司成立时,法务不但要对公司设立的法律文件进行把关,还一定要关注股东的出资能力和出资标的的价值,在非现金的出资评估中就要排除虚高的评估方案并不认同其评估价值,同时对事后发现的出资不实的股东应该予以补足现金出资等义务进行约定。

2. 股权质押

股权质押对质押股东而言是一种比较理想的融资手段;而对存

在质押股权的标的公司而言是一种股权待定的不稳定状态；对质押股东的债权人而言，有价值的股权质押是比较优良的担保方式；对存在质押股权的标的公司的债权人而言却是一种不利于债务履行的现象。可见，股权质押是一件多角度事件，如何综合考虑多种情况下的利益差异来办好股权质押，需要一定的经验和智慧。

（1）股权质押的标的公司利益安排。股权质押涉及三个维度的法律问题：第一，债权人利益的保护；第二，质押股权标的公司和其他股东利益的保护；第三，质押股权标的公司外部债权人利益的保护。为了平衡上述不同角度、不同身份的利益相关人，建议制定一项公司内部各股东均同意的股权质押制度。

如果法务所在的公司是质押股权所在标的公司的，那么法务在制定上述股权质押管理制度的时候就应该首先让所有股东都同意这个制度，可以在投资协议的条款中予以体现，或者在股东会（股东大会）的决议中详细体现。其主要内容为：第一，股东是否有权自行决定股权进行质押。这个问题基于各方股东的协商确定，一般认为，可以通过协议或者决议的方式限制股东100%自行决定是否进行股权质押的权利。虽然股权是股东的财产，股东有权支配自己所有的财产，但是股权与其他财产不同的是，股权的变动会影响到股权所在标的公司的稳定和标的公司股权结构的平衡。当然，如果所有股东基于标的公司的利益自愿放弃处分自己股权权利的，也应该被认可。第二，股权质押需要经过的公司内部程序。法务可以根据股东是否有权自行决定质押来设置不同的程序和种类。股东至少应该在进行股权质押前提前一定时间通知公司和其他股东，向公司和其他股东说明拟进行股权质押的事项，这些事项一般包括债权人信息、主债权金额、利息比率、还款期限、质押的股权比例、质率等基本信息以及借款合同、质押合同等基本资料。对上市公司而言，上市公司股东质押自己持有上市公司的股权的，还应该及时履行相应的信息披露义务。第三，股权质押期间质押股东其他权利是否受到限制。股权质押股东在其股权质押期间其分红权、表决权和其他相关权利是否要受到限制或制约，法务可以建议各股东进行讨论和协商。一般而言，股权质押并不影响质押股东的权利的行使，但是股东间也可一致约定质押股东无表决权。这也是一种对标的公司的保护，因为在一些股权质押合同中，质押权人会要求质押人让渡其在标的公司作为股东的表决权、分红权等权利。这种情况下，如果质押股东所持有的股东达到控股程度，那么标的公司就等于由质押权人实际控制了，质押权人可能作出一些不利于标的公司发展，但是有利于债务人偿债的决策。第四，股权发生被执行拍卖等情况下的处理方案。主要约定在发生股权被执行的极端情况下，标的公司其他股东利益受损的补偿原则等内容。为了避免标的公司的股权落入竞争对手或者恶意收购人之手，法务可以在标的公司章程中设置一些股东资格条款，即使发生司法拍卖的情况也不是任何人、任何公司都可以来成为股东的。

（2）上市公司股票质押的特点。上市公司股票质押与一般的股权质押相比，质押权人的权利和义务与一般的股权质押没有区别。上市公司的股票质押与一般的股权质押的主要差异在于：质押权人为了避免股票价格波动所导致的行权风险，而引入的警戒线和强制平仓制度。一般而言，上市公司的股票质押事项中包括四个主要的协议或合同：借款合同、借款质押合同、资金监管协议、股票质押操作及处置协议。

其法律逻辑是"借款—股票质押—资金监管"：银行作为出借

人和质押权人，借款人用其自己持有的上市公司股票向银行提供质押，借款人的关联方也用其持有的上市公司股票向银行提供质押，同时银行要求借款人在本行开设监管账户，方便出借人即银行对借款人进行资金监管。但是，上述系列协议的不同之处在于出借人银行引入了证券公司作为质押股票的管理者和处置者，这个思路实际上是为了解决股票价格上下震荡的相关风险。银行希望质押物价值稳定，不求质押物价值会增加，但是至少不能在质押期间大幅贬值，然而上市公司股票就是一种很有可能在质押期间会大幅贬值的质押财产。

如果银行在借款合同和质押合同签订的初期，用于质押的上市公司股票是12元/股，一共质押了1亿股，而主债权是6亿元，似乎已经很保险。但如果在质押期间，该上市公司股票跌到了7元/股，那么质押物就勉强能覆盖银行的债权。如果在银行行使质押权的时候，该上市公司股票继续跌，跌倒了5元/股，那么质押物就无法覆盖银行的债权。为了解决上述风险，银行作为出借人和质押权人就设计了上述的质押制度，即在质押体系内加入证券公司，证券公司的主要作用就是对作为质押物的上市公司股票的价值进行管理。证券公司对质押的上市公司股票进行"盯市"，即每天观察质押股票的价格，并设置了三条线，在质押股票价值达到不同线的时候，证券公司有权采取一定行动来帮助银行在股票价值一直下跌的情况下止损维权。三条线为"预警线""补仓线""平仓线"。"平仓线"指质押股票价值跌到银行无法承受之低时，证券公司有权强制平仓，把质押股票全部出售，可以理解为强制止损线。证券公司会在股票质押和处置协议中让出质人同意上述安排，并授权证券公司进行具体的平仓操作。也就是说，银行为了排除股票大幅下跌，跌出债权覆盖范围的极端情况，聘请了证券公司为其严密观察质押股票的价值，并寻找合适时机处置股票。

3. 股权激励

股权激励的核心是股东为了固化和激励管理层和公司核心人员而作出的利益上的放弃，即股东愿意让渡一部分的股权，使管理层和公司核心人员愿意持续为公司服务，并积极为公司业绩努力；同时，由于管理层和公司核心人员持有股权后能够与公司共担经营风险，共享成长收益，从而达到为公司创造更高价值与更多财富的目的。任何公司都可以采取股权激励的方案，这并不是上市公司特有的一种路径，但是上市公司做股权激励需要符合特定的法律规范和方式。本部分对非上市公司高管股权激励进行分析。

（1）股权激励方案要点。股权激励一般要考虑：被激励人选、激励额度、激励时间和对价等几个方面。

①被激励人选。一般对公司经营有重要影响的公司员工，如董事、高管、核心技术、核心业务人员，特别是核心技术人员和核心业务人员并不单纯按照职位高低来确定等，但不得包括监事、独立董事以及持股5%以上的主要股东或实际控制人及其配偶或直系近亲属。

②激励额度和对价。一般按照不同职位和职级给予差别额度；同时考虑职位和职级变化后持股额度是否需要调整。被激励对象是否需要支付对价。如果需要，对价如何确定，按照增资基准日的公司净资产额确定还是在净资产之上。

③激励时间。股权在被激励对象名下的时间，是即时还是未来。如果是未来到位即某种期待权利，那么须明确获得期待权利的条件和生效要件。

④激励的退出。除了正常的转让退出外，要考虑在何种情况下被激励对象被强行终止持股，一般有离职，不胜任工作岗位，违法、违规操作给公司带来经济、名誉损失，退休，丧失劳动力等情况。发生上述情况后，一般约定被激励对象无条件地将所持有的股权按本金无息转让给特定人。死亡和离婚这两种情况比较复杂，股东之间的约定需要提前取得相关继承人和配偶的确认。

⑤激励的效果。主要考虑在特定激励方案下，被激励对象从何取得薪酬外的收益，是分红还是转让后的收益。分红条款可以差异化设计，被激励对象的分红条件可以和大股东不同，应作出变更安排。退出条款则要考虑更多，对于退出条件、限制条件、退出时点和税负安排等都须作相关约定。

（2）股权激励实施路径。

①实现方式上是采取老股转让还是增资，需要考虑原大股东或实际控制人实施股权激励的目的和用意，愿意拿出多少股权来实施激励或愿意被稀释多少股比，激励后股权结构的安排等基本事项。

②被激励对象是直接持股，还是成立持股平台。对于被激励对象而言，直接持股和持股平台的区别在于股权行使的差异：通过持股平台的，被激励对象并不是公司直接的股东，无法直接行使股东权利，要在平台上形成统一意见后，由平台来行使股东权利。而对于公司而言，如果股权额度会根据业绩考核等做增加或减少的，那么用持股平台会更为便捷。实务中较多见的持股平台即图 4–1 的架构模式：持股平台本身为合伙企业，选定合适个人为普通合伙人，一般为公司大股东个人或创始人，各个被激励的对象为有限合伙人。

```
┌─────────┐ ┌─────────┐ ┌─────────┐ ┌─────────┐
│有限合伙人│ │有限合伙人│ │有限合伙人│ │普通合伙人│
└────┬────┘ └────┬────┘ └────┬────┘ └────┬────┘
     │           └─────┬─────┘           │
     ▼                 ▼                 ▼
┌─────────┐ ┌─────────┐ ┌─────────┐ ┌─────────┐ ┌────┐
│甲有限公司│ │有限合伙 │ │乙股份公司│ │丙有限公司│ │ 丁 │
└────┬────┘ └────┬────┘ └────┬────┘ └────┬────┘ └──┬─┘
     └───────────┴─────┬─────┴───────────┴─────────┘
                       ▼
                  ┌─────────┐
                  │  公司   │
                  └─────────┘
```

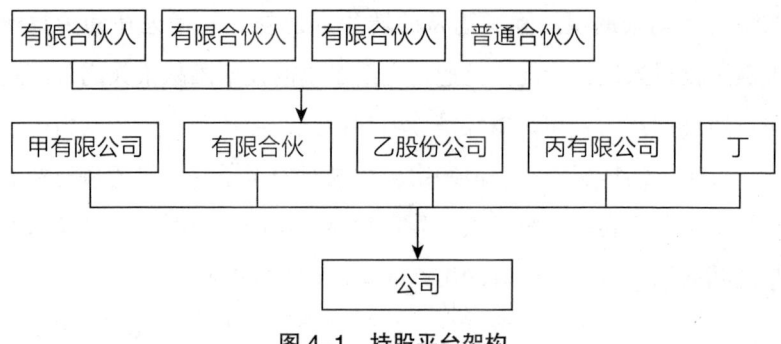

图 4-1　持股平台架构

③激励股权的特殊安排。此类股权的分红权、表决权、推选董事的权利等是否与其他股权有不同安排，需要作出明确约定。股权激励与竞业禁止、服务期、业绩考核等关联事项的对应关系也需要加以明确。股权激励完成后对公司股权整体的变化也要事先考虑。

4. 同股不同权

在一些公司的章程和出资协议中出现了"同股不同权"的约定。此种情况的出现主要是因为投资方式和公司形式发生了很多变化，这些经济变化对股权约定提出了新的要求。但这仍然是一个争议话题，因为《公司法》并没有通过立法的形式确立优先股等差异股权，同时司法实践中对于"同股不同权"约定的效力也有着不同的判决。下面笔者拟介绍几种现实生活中比较多见的"同股不同权"的约定，以供读者在遇到类似情况时比较和甄别适用。

（1）利润分配权利不同。各股东之间对利润分配作出了特殊的约定，出资文件或者章程给予某些股东优先享受利润的权利。例如，甲公司的股东为乙公司、丁公司和以丙自然人为代表的技术团队。为了激励丙领导的技术团队，各方股东决定，甲公司的税后利润20%的部分，乙公司和丁公司不参与分配，由丙领导的技术团队享有，剩余的税后利润的 80% 再按照乙公司、丁公司和丙自然人的股权比例进行分配。上述约定给予了丙技术团队很大的分配利益，即可以比其他股东多分配 20% 的税后利润。当甲公司的主要技术和研发都需要依靠丙自然人为主的技术团队的时候，其他股东愿意给予技术团队更多的激励来换取甲公司的业务发展。

（2）表决权的不同。股东之间同意给某一个或某几个股东更大的表决权或者某些特殊权利，而不是按照股东持有的股权比例来确定表决权。例如，甲公司的股东为乙公司、丙公司、丁公司和戊公司，这四个股东分别持有 30%、25%、20% 和 25% 的股权。各股东经过协商一致，决定给予乙公司在如下事项上一定的特殊权利：甲公司新增股东、老股东对外转让股权、甲公司增资和减资时，如乙公司不同意的，则不得发生如上变动，但乙公司必须出具符合甲公司利益的否决理由，并书面向股东会汇报。按照《公司法》的一般性规定，上述事项一般需要公司 2/3 表决权通过，那么按照乙公司仅持有 30% 的股权比例，不联合其他股东达到 68% 以上的表决权，根本无法决定上述事项，但是各股东之间就该问题协商一致，使乙公司拥有了超出其股权所代表的决策权的权利，可以凭借 30% 的股权就决定需要股权多数决的事项。这种情况多见于乙公司为甲公司发起人，或者甲公司生产、经营严重依赖乙公司的情况，除了乙公司之外的股东，愿意让渡自己的重大事项上的表决权来使乙公司进一步扶持甲公司的发展。

（3）董事、监事席位不同。各股东没有按照股权比例的大小来安排董事、监事的席位，而是给予了某一个或某几个股东与其股权比例不相符合的董事、监事席位。例如，甲公司的股东为乙公司、丙公司、丁公司和戊公司，这四个股东分别持有 50%、15%、10%

和25%的股权。一般情况下，如果甲公司董事会由五人组成，那么乙公司应该有至少两个董事席位，董事长也应该由乙公司推荐的人员担任。但是甲公司各股东的协商结果是由丁公司拥有两个董事席位，其他三家股东各拥有一个董事席位，同时甲公司的董事长也由丁公司推荐的人员担任。除了董事、监事席位外，需要股东之间进行协商确定的职位还有总经理和财务负责人。如果说董事席位决定了股东对于董事会的控制力，那么总经理和财务负责人这两个职位则显示了股东对公司实际经营的控制力，如果在一家公司中由小股东来制定或委派财务负责人，那么也是一种同股不同权的体现。

笔者要在此特别提示：在进行上述"同股不同权"事项的约定时，如果公司中有一方股东是国有独资公司或者国有控股公司的，那么各股东之间作出"同股不同权"的各种约定的，必须要请国有独资公司股东和国有控股公司股东完成相关国有资产审批程序，得到相关国有资产监督管理机构的书面同意。

（三）股权分散对公司的影响

股权分散普遍被解释为公司的股东较多，同时各股东之间的持股比例均比较接近，无法确定实际控制人的情况。例如，甲公司的股东共有五名，其持股情况分别为乙公司17%、丙公司21%、丁公司25%、戊公司19%、己公司18%，可以说此种情况下没有明显的大股东和实际控制人。下面对股权分散对不同公司的影响分别加以讨论。

1. 对有限责任公司的影响

如果甲公司是一家有限责任公司，那么这种分散的股权架构对公司带来的影响最主要体现为公司重大事项决策艰难，容易产生公司僵局。如果甲有限责任公司的章程中股东会表决方式采取一般事项半数通过，重大事项 2/3 通过的表决比例，那么需要股东间高度一致方能形成股东会决议。

我们来看表决权的加总情况：乙公司+丙公司+丁公司 = 63%；乙公司 + 丁公司+戊公司 = 61%；乙公司 + 戊公司 + 己公司 = 54%；丙公司 + 丁公司 + 戊公司 = 65%；丙公司 + 戊公司 + 己公司 = 58%；丁公司 + 戊公司 + 己公司 = 62%。可见，对于某一个重大事项如果仅有三家股东意见一致，那么还是无法通过的，因为无论股东如何搭配，任意三家股东的表决权都仅过半数，但都无法达到 2/3，也就是说，甲公司任意一项重大事项都要至少 4 名股东达成一致方能通过；相反，想让某一项重大事项不通过却仅需要两名股东达成一致即可。

因此，这种情况下，甲公司相对于股权集中在某一个或两个股东的公司而言，其重大事项的通过较为艰难，更容易陷入公司僵局。同时，由于甲公司是有限责任公司，因而即使股权分散，其股权结构仍是较为稳定的，不通过甲公司股东会就无法改变其股东结构。

2. 对股份公司的影响

假设甲公司是一家不上市的股份公司，那么上述有限公司的困境仍然存在，还增加了一个股东不稳定的可能性，因为股份公司的股权转让程序中没有优先购买权的规定，所以任意股东都可以将自己的股权对外转让。

3. 对上市公司的影响

假设甲公司是一家上市的股份公司，当然这个时候甲公司的股权结构应该是：甲公司超过 5% 的股东共有 5 名，其持股情况分别为乙公司 7%、丙公司 11%、丁公司 15%、戊公司 9%、己公司 8%，其他均为公众股。这种股权分散对上市公司甲公司股权结构的稳定性有很大影响。例如，有公司庚通过二级市场陆续购买甲公司股票，买到了5%，然后履行其信息披露义务后继续增持，只要增持超过20%，就有可能问鼎大股东和实际控制人位置。如果庚公司是恶意收购人，那么甲公司就要启动种种反收购措施，但是无论何种反收购措施，如果庚公司资金实力够强硬，还是很有希望通过"买买买"成为大股东。

因此，法务在搭建公司架构的时候一定要对股权比例和决策程序之间的关系、目前股权比例和未来股权架构变动之间的关系、股东行权和董事会实际权力之间的关系等问题有足够的认识，与发起人一定要就该问题进行讨论和协商。

二、公司的基本法——公司章程

调整公司法律关系的相关法律都采取了较为开放的立法价值取向，把公司内部很多事项的决定权都交由章程来自行约定，所以章程是一个公司的自治规则和基本宪章。章程既反映了各股东之间就出资、公司组建、运营等重大事项的约定；又构建了"三会"、决策程序等公司基本的管理架构，所以章程就是公司的基本法，也可以说章程有权约定公司"生死大事"，其重要性是不言而喻的。

相比章程的重要程度，实践中对章程起草的重视程度却远远不足，很多公司还是拿来主义，即直接将相关部门出具的章程模板作为自己公司的章程来使用。这样做最大的弊端就是无法将股东合资成立公司的相关约定在章程中得以体现，在股东或公司内部发生纠纷时无法使用章程来解决矛盾。上述拿来主义情况的发生，除了股东合作前期相对关系比较融洽外，和没有掌握章程书写技巧有着直接的关系。一些司法实践中的争议问题反映到章程中的确难以把握：哪些条款可以突破法条规定？股东在章程中对于权利的放弃是否有效？本部分拟就章程的写作做一个介绍，主要分为有限公司、股份公司这两个常见的不同公司类型章程来做讨论，希望可以给读者提供一定的书写思路和技巧。

（一）有限公司章程写作

有限公司要更多地体现股东之间对公司重大事项的协商结果，这就是所谓的章程自治，但是究竟哪些章程条款可以根据"章程自治"原则进行自行约定呢？《公司法》中明确"公司章程另有约定的除外"时，这些条款就可以自行约定，下面对一些热点问题进行分析。

1. 公司章程可否作出对股东的处罚约定

实践中，不乏公司章程对公司股东特定行为规定了处罚的情形，那么章程进行此种处罚约定是否有效？我们可以来看一个公报案例"南京安盛财务顾问有限公司诉祝鹃股东会决议罚款纠纷案"。当时《最高人民法院公报》对这个案件的裁判摘要很明确："公司章程关于股东会对股东处以罚款的规定，系公司全体股东所预设的对违反公司章程股东的一种制裁措施，符合公司的整体利益，体现了有限公司的人合性特征，不违反公司法的禁止性规定，应合法有效。但公司章程在赋予股东会对股东处以罚款职权时，应明确规定罚款的标准、幅度，股东会在没有明确标准、幅度的情况下处罚股东，属法定依据不足，相应决议无效。"[1] 根据该裁判摘要，我们来详细看一下该案件的具体情况。

基本案情

该案件中南京安盛财务顾问有限公司（以下简称安盛公司）的公司章程第 14 条载明，安盛股份实行"股东身份必须首先是员工身份"的原则。第 16 条载明，新加入的股东若三年内离开公司，其股份由公司强行回购，回购价格按上年（自总经理批准离职之日起算）账面每股净资产扣除约定风险金比例后的余额确定，回购款项的支付时间为年度股东大会通过利润分配方案以后 90 日内。第 19 条规定，股东会由全体股东组成，是公司的最高权力机构，行使下列职权：（1）决定公司的经营方针、发展计划和重大资产购置方案；（2）选举和更换董事，决定董事的报酬事项；（3）选举和更换由股东代表出任的监事，决定有关监事的报酬事项；（4）审议批准董事会的报告；（5）审议批准监事会或监事的报告；（6）审议批准公司的年度财务预算方案、决算方案；（7）审议批准公司的利润分配方案和弥补亏损方案；（8）对公司增加或者减少注册资本作出决议；（9）对公司合并、分立、变更公司形式、解散和清算等事项作出决议；（10）修改公司章程。第 36 条载明，股东退出分为自愿退出和强制退出。任何股东有下列行为之一出现时，必须全部转让其在公司的股份，由股东

---

[1] 《南京安盛财务顾问有限公司诉祝鹃股东会决议罚款纠纷案》，《最高人民法院公报》2012 年第 10 期，http://gongbao.court.gov.cn/details/98b2b837163fba1f5052d410760512.html，访问日期：2020 年 5 月 18 日。

会强制取消其股东身份：(1)主观故意侵占或损害公司利益者；(2)利用在公司的地位和职权为自己谋私利者；(3)利用职权收受贿赂或者其他非法收入者；(4)私自动用公司资金或者将公司资金借贷给他人或者用本公司资产为个人债务提供担保者；(5)不按本章程的议事规则和国家有关法律、法规解决股东间有关公司发展和公司治理的分歧，而采取非法手段者；(6)违反公司同业禁止约定者；(7)受公司除名处分者；(8)其他有损公司利益，董事会决议强制退出者。此种情况下转让股份的价值按当时公司账面净值折算后扣除给公司造成的损失及股东会决议的罚款后的余额计算。祝鹃作为股东在上述公司章程上进行了签名，但该章程中未明确记载罚款的标准及幅度。

作为原告的安盛公司认为被告祝鹃存在以下违反公司章程的行为：第一，祝鹃以股东身份在公司工作不满三年即离职。第二，经调查发现，祝鹃在职期间以个人名义为曾与公司存有业务关系的南京瑞派尔机电工程有限公司(以下简称瑞派尔公司)、南京帝涛科技实业有限公司(以下简称帝涛公司)、南京茂研科技有限公司(以下简称茂研公司)提供私下服务，利用职务之便为与公司没有任何服务协议的南京乐安保险代理有限公司(以下简称乐安公司)等公司提供过相同类型的服务业务。因此，该公司根据公司章程第14条，第16条，第36条第1款第1项、第2项、第6项及第2款之规定，作出了以下股东会决定：(1)由公司强行回购祝鹃在公司的全部股份。(2)对祝鹃处以人民币50 000元的罚款；公司应付回购股份的金额(股本和红利)24 107元抵减罚款，不足部分25 893元由祝鹃于2009年2月28日前将款项送达本公司财务；如果祝鹃在2009年2月28日前已认识到自己的问题，希望通过和谈解决，股东会授权董事会进行协商减轻处罚，但最低罚款不得低于 24 107 元，否则公司将通过法律途径追诉。(3) 公司保留对祝鹃给公司造成损失的追偿权利。出席会议的毛友俊等 13 位股东在同意股东签字一栏进行了签名。嗣后安盛公司将上述股东会决议以特快专递方式邮寄给了祝鹃。同时，被告祝鹃提出了要求确认 2009 年 1 月 5 日安盛公司临时股东会罚款决议内容无效的反诉请求。

南京市鼓楼区人民法院作出以下判决：(1) 确认原告安盛公司 2009 年 1 月 5 日临时股东会决议第二项"对被告祝鹃处以人民币 50 000 元的罚款"内容无效；(2) 驳回原告安盛公司要求被告祝鹃支付 25 893 元的诉讼请求。其主要判决理由为：(1) 有限公司的股东会无权对股东处以罚款，除非公司章程另有约定。本案中，原告安盛公司章程第 36 条虽主要是关于取消股东身份的规定，但该条第 2 款明确记载有"股东会决议罚款"，根据章程本身所使用的文义进行解释，能够得出在出现该条第 1 款所列八种情形下，安盛公司的股东会可以对当事股东进行罚款。鉴于上述约定是安盛公司对全体股东所预设的对违反公司章程股东的一种制裁措施，符合公司的整体利益，体现了有限公司的人合性特征，不违反《公司法》的禁止性规定，被告祝鹃亦在章程上签字予以认可，故包括祝鹃在内的所有股东都应当遵守。据此，安盛公司的股东会依照《公司法》第 38 条第 11 项之规定，享有对违反公司章程的股东处以罚款的职权。(2) 有限公司的公司章程在赋予股东会对股东处以罚款职权的同时，应明确规定罚款的标准和幅度，股东会在没有明确标准和幅度的情况下处罚股东，属法定依据不足，相应决议无效。被告祝鹃在原告安盛公司和瑞派尔公司委托记账合同关系停止后，仍作为瑞派尔公司的经办人向税务部门申请取消一般纳税人资格业务，该行为属于安盛同业禁止规定第 1 条及公司章程第 36 条第 1 款第 6 项的约定范畴，应认定祝鹃违反了公司章程，安盛公司股东会可以对祝鹃处以罚款。安盛公司章程第 36 条第 2 款所规定的"罚款"是一种纯惩罚性的制裁措施，虽与行政法等公法意义上的罚款不能完全等同，但在罚款的预见性和防止权力滥用上具有可比性。而根据我国《行政处罚法》的规定，对违法行为给予行政处罚的规定必须公布；未经公布的，不得作为行政处罚的依据，否则该行政处罚无效。本案中，安盛公司在修订公司章程时，虽规定了股东在出现第 36 条第 1 款的八种情形时，股东会有权对股东处以罚款，但却未在公司章程中明确记载罚款的标准和幅度，使得祝鹃对违反公司章程行为的后果无法作出事先预料，况且，安盛公司实行"股东身份必须首先是员工身份"的原则，而安盛员工手册的奖惩条例第 7 条所规定的五种处罚种类中，最高的罚款数额仅为 2000 元，而安盛公司股东会对祝鹃处以 5 万元的罚款已明显超出祝鹃的可预见范围。故安盛公司临时股东会所作出对祝鹃罚款的决议明显属于法定依据不足，应认定为无效。

裁判启发

法务要在剥夺股东权利或股东资格的约定方面尽到最大限度的谨慎和注意，从实体的约定情况和程序性的约定情况都充分体现剥夺股东权利或资格的合理性、合法性。

第一，对于人合性特别强的公司而言，可以通过公司章程来制约股东身份，可以约定劳动关系和股东身份必须一致存在。相似的案例还有上海大成资产评估有限公司诉楼建华等其他与公司有关的纠纷案。这个案例中裁判摘要明确了："公司章程是公司组织及活动的基本准则。在作为特殊公司的资产评估公司章程规定股东退休时必须退股，退股时以退股月份上月为结算月份，退还其在公司享有的净资产份额时，股东与公司应该按章履行。"[1]

第二，公司章程可以和竞业禁止协议、劳动合同、员工手册一起形成一个完整的竞业禁止措施，防止股东违反股东之间的约定在公司外部从事与公司存在竞争性的事务。

第三，公司章程对股东的处罚规定一定要明确清楚。实体上要针对不同情况作出不同的处罚规定，处罚方式、处罚金额等要素都要明确清楚；处罚流程和规则也要约定明确，特别是处罚决定的作出、处罚决定的通知和被处罚人的救济途径都要设置完善，否则处罚措施很可能会被认定为无效。

第四，股东会决议和公司章程在效力上还是有区别的，股东会决议的效力弱于公司章程，所以法务要考虑哪些内容用章程修正案的方式来体现，而哪些内容用股东会决议的方式来表现。

2. 如何约定股东表决权

有限公司的股东表决权可以通过以下三种方式加以约定。但是无论表决方式如何选择，法务在起草章程时一定要写明表决的方式和程序，使表决权条款在公司经营实践中可以得到切实履行，同时对违反表决权条款而形成的决议性质和效力也应一并作出约定。

---

[1] 《上海大成资产评估有限公司诉楼建华等其他与公司有关的纠纷案》，《最高人民法院公报》2012年第5期。

第一种方式就是按照出资比例表决，这就是资本多数决和同股同权理论的实际表现。

第二种方式为按照股东人数，一人一票表决。这种方式淡化了资本的力量，更加强调股东之间的平衡，对于小股东是一种很有利的表决状态。而出现这种表决约定方式很可能是因为小股东对于公司的经营和发展更重要，可能小股东掌握了技术、市场和团队，而大股东仅仅拥有资金，大股东需要依赖小股东才能赚钱，所以大股东愿意让渡一部分股东权利。

第三种方式为其他表决方式。这种方式涵盖了种种基于上述两种表决权之外的特殊表决要素，例如，大股东的一票否决权，股东会决策的普通原则是按照一人一票来行使，但是在对外担保且担保数额超过一定金额的关联交易、团队股权激励、新股东入股等事项上大股东拥有对上述事项的一票否决权。或者在各方股东不同表决意见持平的时候，由某一位股东来行使一票决定权。

3. 如何约定担保条款

一些公司在设立章程时认为对外担保是公司经营管理的具体问题，不需要在章程中予以约定。但是建议还是要尽量将对外担保条款在章程中予以体现，这样才能有效控制对外担保的风险和担保总量。在章程中约定对外担保条款，可以对对外担保的决策程序、担保额度、担保程序、担保责任等内容做充分约定。例如，约定公司对外担保的总额度为：公司对外担保总额不得超过最近一个会计年度合并会计报表净资产的 50%。此外，笔者还建议约定公司对外担保的禁止事项，例如，公司不得为控股股东及本公司持股 50% 以下的其他关联方、任何非法人单位或个人提供担保，不得直接或间接为资产负债率超过 70% 的被担保对象提供债务担保。公司对外担保的决策程序和机构也应予以明确约定，例如，公司单项对外担保金额超过公司最近一期经审计的净资产15%以上（含15%）的，须经股东会批准；公司单项对外担保金额在公司最近一期经审计的净资产15%以下的，须经公司董事会批准。公司对外担保应当按照权限取得董事会全体成员2/3以上签署同意，或者经股东会批准。

4. 如何避免公司股权变动

这一部分的约定主要为了避免自然人股东因为死亡、离婚、继承等情况造成公司股东发生较大变动，使得有限公司被迫接纳自己不愿意接纳的新股东。

（1）死亡后继承问题的解决。法务可以在章程中明确约定，如有股东死亡，配偶、子女或者其他继承人不能自然成为股东。

其法律依据为《公司法》第75条："自然人股东死亡后，其合法继承人可以继承股东资格；但是，公司章程另有规定的除外。"虽然《公司法》对于此种情况允许公司章程自行规定继承人是否可以成为股东，但是继承关系本身十分复杂，所以仅简单约定自然人不能成为股东，往往不利于解决复杂的现实问题。在公司章程设立之初，除了由章程明确上述内容外，还要配套股权所对应股权转让程序，例如，在股东死亡后，可以安排其股权在老股东之间按比例受让，由继承人享有其股权转让款；还可以事先安排股权信托计划，如有股东死亡则启动股权信托计划。

（2）离婚后股权的分配。离婚虽然是股东个人私事，可是，其对于标的公司仍存在很大影响，所以建议在公司章程中早作安排。我们先来看一下法律中关于离婚财产分配的相关规定，本部分讨论的前提是公司股权登记在夫妻一方名下。

①法律依据。有关离婚财产分配的法律依据如表4-1所示。

表 4-1 有关离婚财产分配的相关规定

法律、司法解释	条文内容
《民法典》	第 1065 条规定："男女双方可以约定婚姻关系存续期间所得的财产以及婚前财产归各自所有、共同所有或者部分各自所有、部分共同所有。约定应当采用书面形式。没有约定或者约定不明确的，适用本法第一千零六十二条、第一千零六十三条的规定。夫妻对婚姻关系存续期间所得的财产以及婚前财产的约定，对双方具有法律约束力。夫妻对婚姻关系存续期间所得的财产约定归各自所有，夫或者妻一方对外所负的债务，相对人知道该约定的，以夫或者妻一方的个人财产清偿。"
《最高人民法院关于适用〈中华人民共和国民法典〉婚姻家庭编的解释（一）》（法释〔2020〕22号）	第 73 条规定："人民法院审理离婚案件，涉及分割夫妻共同财产中以一方名义在有限责任公司的出资额，另一方不是该公司股东的，按以下情形分别处理：（一）夫妻双方协商一致将出资额部分或者全部转让给该股东的配偶，其他股东过半数同意，并且其他股东均明确表示放弃优先购买权的，该股东的配偶可以成为该公司股东；（二）夫妻双方就出资额转让份额和转让价格等事项协商一致后，其他股东半数以上不同意转让，但愿意以同等条件购买该出资额的，人民法院可以对转让出资所得财产进行分割。其他股东半数以上不同意转让，也不愿意以同等条件购买该出资额的，视为其同意转让，该股东的配偶可以成为该公司股东。用于证明前款规定的股东同意的证据，可以是股东会议材料，也可以是当事人通过其他合法途径取得的股东的书面声明材料。" 第 74 条规定："人民法院审理离婚案件，涉及分割夫妻共同财产中以一方名义在合伙企业中的出资，另一方不是该企业合伙人的，当夫妻双方协商一致，将其合伙企业中的财产份额全部或者部分转让给对方时，按以下情形分别处理：（一）其他合伙人一致同意的，该配偶依法取得合伙人地位；（二）其他合伙人不同意转让，在同等条件下行使优先购买权的，可以对转让所得的财产进行分割；（三）其他合伙人不同意转让，也不行使优先购买权，但同意该合伙人退伙或者削减部分财产份额的，可以对结算后的财产进行分割；（四）其他合伙人既不同意转让，也不行使优先购买权，又不同意该合伙人退伙或者削减部分财产份额的，视为全体合伙人同意转让，该配偶依法取得合伙人地位。"

续表

法律、司法解释	条文内容
《最高人民法院关于适用〈中华人民共和国民法典〉婚姻家庭编的解释（一）》（法释〔2020〕22号）	第75条规定："夫妻以一方名义投资设立个人独资企业的，人民法院分割夫妻在该个人独资企业中的共同财产时，应当按照以下情形分别处理：（一）一方主张经营该企业的，对企业资产进行评估后，由取得企业资产所有权一方给予另一方相应的补偿；（二）双方均主张经营该企业的，在双方竞价基础上，由取得企业资产所有权的一方给予另一方相应的补偿；（三）双方均不愿意经营该企业的，按照《中华人民共和国个人独资企业法》等有关规定办理。"

②章程设置思路。从上述规定可以看出，原公司股东比股东配偶更有优先权，即使在公司章程中没有对股东离婚时股权的处置进行约定，其他股东也可以通过行使优先购买权取得股权。但是此种情况毕竟确定性不够强，还会对公司股权架构和公司管理带来冲击。例如，标的公司大股东离婚，其股权数量较大，其余老股东未能就受让大股东一半的股权达成一致意见，那么大股东配偶就会成为公司新股东，其表决权就很可能会对公司决策带来较大影响。即使不考虑决策、分配问题，如果配偶怀有敌意，那么只要行使股东知情权就会对公司产生一定的不利影响。在没有约定的情况下，即使大股东配偶愿意仅取得一半股权的对价，但是由于没有约定，股权价值还是存在来回"扯皮"的空间。

建议法务就该问题与股东协商，提示股东是否需要事先对股东离婚后的股权作出安排。例如，可以约定，股东离婚时按照某一个价格由其他股东按比例受让股权的一半，转让款定向用于支付给股东配偶；股权价格的确定需要一定依据，且并不建议低于股权净资产价值，否则离婚股东配偶有权以侵害其财产权益为由否决股权转让的效力。

③其他事项。法务一旦知晓股东离婚的情况，应积极关注离婚案件的进展，如果章程或其他文件对于股东离婚时股权分配有约定的，法务可以通过合适方式告知审理法院；如果并没有任何文件事先对股东离婚时股权分配作出约定的，那么法务要及时通知其他股东根据法律规定提前考虑相关问题，尽早作出安排。

（二）股份公司章程写作

相对于有限公司而言，股份公司的章程可发挥的余地会小一些，特别是上市公司的章程，基本上应该遵照《上市公司章程指引》的引导，同时上市公司的股东大会规则也要符合《上市公司股东大会规则》《到境外上市公司章程必备条款》的原则要求。一些特殊行业的公司在制定公司章程时也要慎重考虑相关主管部门的指引要求，例如，国家文物局印发的《民办博物馆章程示范文本》（文物博函〔2012〕2051号）等。2015年的"万宝之争"引发了法律界对上市公司章程中反收购条款的热烈讨论，笔者拟从这一角度出发来讨论股份公司中上市公司章程如何从保护原股东股权的角度来增加反收购条款，读者也可以从中体会股份公司章程写作的难点和痛点。

1. 上市公司被收购的场景

在收购人对上市公司进行恶意收购时，一般都具有一个前提条件，就是"被狩猎"的上市公司一般股权都十分分散，第一大股东的股权比例并不具有压倒性优势,一般都不超过20%。只有这样,收购人才能在二级市场上通过"买买买"的方式来迅速持有一定的股比(一般为5%),进而引发要约收购,一下子取得上市公司控制权。这些收购人的关注点主要有两个:第一,取得较大股比的股权(一般30%以上),获得控股股东地位或是与其他股东形成一致行动人;第二,控制董事会,取得较多董事会席位,一般会要求改选董事会、撤换管理层。相对应的上市公司的原股东也会从这两个角度来阻击收购人,其中一个办法就是从上述两个角度入手,修改章程限制恶意收购人行使权力,增加恶意收购人的收购难度。

2. 对董事候选人资格的限制

对董事候选人资格的限制旨在增加收购人推选董事的难度。可以在章程中规定如下条款:在发生上市公司恶意收购的情况下,为保证上市公司及股东的整体利益以及上市公司经营的稳定性,收购人及其一致行动人提名的董事候选人应当具有至少五年以上与公司目前(经营、主营)业务相同的业务管理经验,以及与其履行董事职责相适应的专业能力和知识水平。该章程条款对于上市公司经营和管理而言是十分合理的要求,对于上市公司的经营也是比较有利的约定,从保护小股东利益角度来看也是有益的选择,所以此种方式较容易被接受。但是阻击的效果不一定理想,毕竟收购人可以用高薪方式来聘请符合章程所规定的董事任职资格的人员。

3. 增加限制改选董事数量的条款

可以在章程中规定:在发生上市公司恶意收购的情况下,如该届董事会任期届满的,继任董事会成员中应至少有2/3以上的原任董事会成员连任;在继任董事会任期未届满的每一年度内的股东大会上改选董事的总数,不得超过本章程所规定董事会组成人数的

1/3。该条款的主要作用是给收购人造成障碍,使其无法顺利完成董事会的改选,该种方法具有一定可操作性,但是这一约定对于连任和留任的理由必须要充足。笔者认为股东通过推荐董事达到管理公司的目的是一种自然的权利,如果是为了阻击收购人而突击修改章程,这种做法等于给股东行使权利制造了障碍,其法律效力是否确定仍存在争议。

4. 增加上市公司对解除董事职务时的赔偿义务条款

这类条款的主要内容是:在发生上市公司恶意收购的情况下,如果董事于任期内被解除董事职务的,上市公司应按该名董事在上市公司任职董事年限内税前薪酬总额的一定比例支付赔偿金。这种条款的主要作用是可以提高收购人改选上市公司董事会的经济成本,给收购人形成一定的经济障碍。此种方式虽然可以有效地增加收购人的改选成本,但是容易使董事在短期内增加巨额收入,往往会被股民所热议和讨论,对于小股东是否有利也不好一概而论,所以该方式被监管部门的认可度还不是很明确。同时,如果上市公司是国资属性的股份公司,那么这个策略未必符合国资企业的薪酬管理制度。

5. 授权董事会实施反收购措施

在发生恶意收购的时候,通过修订上市公司章程来授权董事会在发生公司被恶意收购的情况下采取和实施反收购措施。上市公司董事会一般可以采取以下具体措施:第一,要求公司收购人按上市公司章程的要求向董事会提交关于未来增持、收购及其他后续安排的书面报告,并由上市公司董事会就收购人的书面报告作出讨论分析,提出分析结果和应对措施,并在适当情况下提交股东大会审议确认。第二,董事会有权从公司长远利益考虑,为公司选择其他善意收购者，并与善意收购者进行洽谈，目的在于阻止恶意收购者对公司的收购。第三，董事会根据相关法律法规及上市公司章程的规定，采取可能对本公司的股权结构进行适当调整的行为，其目的在于降低恶意收购者的持股比例或增加其收购难度。

总之，上述所有动作的核心要点是要提高上市公司董事会对恶意收购人的反击和阻击能力。上市公司董事会采取这些动作的基本动因在于恶意收购人一般会声称要改选董事会、更换管理层，所以上述这些手段会被认为是董事会及高级管理人员保住自己地位而做的应对措施，于是小股东往往并不认为这些举措对上市公司本身和小股东有利，而这些方案真正可以得到落地和执行还有赖于监管部门的认可。

6. 针对恶意收购提案采取特殊表决权

股东大会审议收购人如为实施恶意收购的，可以修改章程，提高表决比例。例如，修订对需要股东大会表决的下述议案：上市公司章程的修改、董事会成员的改选、购买或出售资产、租入或租出资产、赠与资产、关联交易、对外投资（含委托理财等）、对外担保或抵押、提供财务资助、债权或债务重组、签订管理方面的合同等时，由股东大会以出席会议的股东所持表决权的 3/4 或 2/3 以上决议通过。此种方案旨在加大收购人拟通过的议案的表决难度，使收购人无法完成其拟在上市公司层面的后续运作。作为收购人收购上市公司并不是终极目标，从资本市场的收购案例上来看，可以发现收购人成为上市公司控股股东后，往往会开始一系列的资本运作，重组等项目才能最终体现收购人的真实目的。因此，上述措施是从最终目的的角度来阻碍收购人，使其并购的终极目的无法顺利实现，但是这种措施提高了上市公司进行新项目的难度，不一定可以取得小股东的支持。

7. 修改提案权条款

股东的权利首先需要通过提案，列入上市公司股东大会讨论、表决来实现，如果收购人无法向股东大会提出含有自己诉求的议案，其股东的权利就很难实现。修改提案权一般是加重恶意收购人可以提出提案的具体条件，例如，持有股比必须达到5%，连续持有时间必须达到300天等。但是，其效果仅是在一定期间内限制了恶意收购人的提案权，或者使小股比恶意收购人无法启动提案程序。此种方式因为涉及损害小股东权益在实践中存在较大争议。《公司法》第102条就持股比例为3%的股东的提案权是这样规定的："召开股东大会会议，应当将会议召开的时间、地点和审议的事项于会议召开二十日前通知各股东；临时股东大会应当于会议召开十五日前通知各股东；发行无记名股票的，应当于会议召开三十日前公告会议召开的时间、地点和审议事项。单独或者合计持有公司百分之三以上股份的股东，可以在股东大会召开十日前提出临时提案并书面提交董事会；董事会应当在收到提案后二日内通知其他股东，并将该临时提案提交股东大会审议。临时提案的内容应当属于股东大会职权范围，并有明确议题和具体决议事项。股东大会不得对前两款通知中未列明的事项作出决议。无记名股票持有人出席股东大会会议的，应当于会议召开五日前至股东大会闭会时将股票交存于公司。"可见，至少从《公司法》法条表述来看并没有直接就反收购措施作出规定，实际上都是通过修订公司章程来限制收购人权利，而修订公司章程必须经过股东大会决议通过，这就产生了一个"先有鸡还是先有蛋的问题"。因为收购人在持有5%或以上股权的时候必须要进行公告，并公告其之后是否会继续增持等事项。所以上述反收购措施是否能够在股东大会上通过,很大程度取决于原股东和收购人的投票对峙情况。抛开上述问题,从章程对股权的影响角度来看,上市公司章程可以限制股东行使权利,或增加股东行使权利的成本、增加流程、改变行权方式,甚至可以直接剥夺股东应有的法律权利。作为法务,如果正好在发起人股东或大股东一方那就要顺理成章地接下新公司章程写作的工作,使大股东的利益得到体现,但同时也要注意保持大股东和小股东利益的平衡,不要过于损害小股东的权益。而如果法务任职于小股东一方,那么就要关注大股东所提供的章程版本,对于其中可能会影响小股东权利的约定提出异议并进行协商,尽可能不要放弃过多的股东权利。

三、公司"三会"

公司"三会"(股东会或股东大会、董事会和监事会)被誉为现代企业制度的核心体制,但是现实中仍有很多企业没有重视"三会"的制度和机制建设。比较突出的现象有:第一,章程拷贝《公司法》,没有根据股东协商内容进行"私人定制",特别是"三会"的职权没有做特定细化约定。第二,董事会召开频率低,高管替代了董事职责。第三,监事会不受重视。监事会处于可有可无的状态,监事的监督职责无从履行,监事人选边缘化。第四,"三会"缺少议事规则导致召集程序和决策过程有瑕疵。第五,"三会"人选不适格或不恰当。

(一)董事会和监事会人选的适格

法务要对拟任命的董事和监事资格进行核查,排除不适格的董事、监事人选。

1. 董事、监事要符合法定的最低条件

《公司法》对于董事、监事的任职资格规定是以"负面清单"的方式来表述的，其立法用意在于对董事、监事的任职采取最低容忍限度的原则，就是没有"原则性问题"都可以担任公司的董事和监事。这是一种出于对公司创办和发展的鼓励态度，法律没有对公司董事和监事设置学历等过高的要求。而金融机构无论银行、证券公司、保险公司还是融资租赁公司等其他类型的金融公司，对于其董事、监事的任职资格则采取了"正面清单"的方式。即详细要求了董事、监事的任职标准和条件，主要体现为两方面的要求即"无任职瑕疵"的要求和金融行业职业能力的要求。例如，前者要求无违法犯罪记录、诚信经历良好、没有较大负债等，而后者从董事、监事的从业经历、专业素养、任职经历、资格考试等各方面提出了要求，体现了监管部门对金融公司董事、监事专业化的考量。

2. 董事、监事要满足特定的资格要求

董事、监事主要任职于四类企业：上市公司、金融公司、国有企业、其他公司（包括三资企业）。上市公司、金融公司和国有企业的董事、监事与一般公司相比都有着更高的要求，这三类企业之间对于董事、监事要求的共同点在于都要求董事、监事"人品无污点"，但是这三类企业之间对于董事、监事其他要求的侧重点还是各有不同。金融公司的董事、监事任职要求更多的是侧重于其专业知识和金融行业的经验，更多考虑其是否有能力履职。而上市公司董事、监事的任职资格的着眼点除了履职能力外，还格外强调其勤勉和尽责的要求，例如，规定独立董事不能同时担任超过5家，就是为了保证其有足够的时间和精力来履职，同样对于上市公司董事缺席董事会次数及不利后果的要求也体现了监管机构要求上市公司的董事要尽职尽力履行工作。同时，监管机构也强调上市公司董事和监事要为广大小股东负责，所以其来源于大股东的董事、监事要被控制数量和比例。对于一些特殊身份的人员，要比照其人事管理规则来考察其职务，例如，任命高校老师在高校资产公司之外的公司担任董事须履行怎样的审批程序；在干部离职三年内任命其担任与其原工作直接相关的公司独立董事须履行怎样的审批程序；国有企业人员在其他企业的兼职行为是否需要事先取得国有资产监督管理委员会的审批。

3. 事先约定董事、监事任职要求

公司可以自行作出高于法规的对于董事、监事任职的规定，董事、监事不满足法定要求、监管要求或者公司要求时董事、监事身份则丧失。这些规定可以在章程中予以详细体现；也可以在章程中予以详细说明，同时辅以公司内部的董事、监事管理制度，但是这些制度本身应要经过董事会、监事会和股东会/（股东大会）的认可。

可以约定如果董事、监事发生了任职的禁止事项，或者其不再满足董事、监事的任职条件，那么其董事、监事资格视为自动丧失，某股东有权重新推荐董事、监事，并通过召开董事会、监事会程序予以完成新董事、新监事的改选。这类约定的重要作用是当董事、监事发生不再适合担任职务的情况下，无须通过诉讼来确认其不再具有董事、监事身份，高效解决问题，避免冲突，保证董事会、监事会正常运作。同时，公司还可以进一步对董事、监事违反法律规定或者从事监管规定禁止事项后应该承担的法律责任进行明确约定，例如，对通过违规或非法交易取得的收益须补偿公司、承诺整改不当行为等。这些约定一定要进行细化，对董事、监事从事关联交易、同业竞争、不当履职、利益输送等行为的认定标准以及罚则作出针对性的规定，这样才有助于保护公司股东的权益，避免出现"大董事会、小股东会"的局面。促进董事、监事正确履职，使董事、监事正确履行自己的忠实、勤勉义务。

4. 明确董事、监事的选聘程序

选聘程序不合法可能会出现对董事、监事资格是否有效的质疑，进而会被质疑董事会、监事会的效力。董事、监事的选聘程序必须列明：董事、监事提名权，董事、监事资格审查程序，董事、监事选聘决策程序等。在实务中，还要严格履行程序，以免导致无效事项。例如，某公司选举职工监事的方式是该公司工会出具文件，以文件形式直接任命该职工监事，此种以工会函形式任命的方式不是有效的监事当选程序。该职工监事事先没有履行民主选举程序，违反了《公司法》第117条"监事会中的职工代表由公司职工通过职工代表大会、职工大会或者其他形式民主选举产生"的规定。该职工监事的产生不合法、不合规，其职工监事的身份并不能得到确认，不能行使监事职权。

（二）"三会"召开程序和内容的合法性和合理性

"三会"事项都是十分细致的工作，其瑕疵可能会引发法律纠纷，所以要从细节入手，做好流程管理，做好文件管理。下文选取一些有争议的实务问题展开讨论。

1. 股东会/股东大会和董事会、监事会采取通信表决的方式是否有效

通信表决并不是一个法定的概念，所以对其有很多不同的解

释，对于上市公司而言，通信表决更多是指在股东大会、董事会召开时用电话、邮件、传真等方式来行使表决权。

（1）通信表决的关注点。法务在用通信表决方式召开"三会"的时候要注意以下事项，以保证公司"三会"的效力。

第一，通信表决方式在公司章程中要有明确体现和约定。《公司法》第48条规定："董事会的议事方式和表决程序，除本法有规定的外，由公司章程规定。董事会应当对所议事项的决定做成会议记录，出席会议的董事应当在会议记录上签名。董事会决议的表决，实行一人一票。"《公司法》第55条规定："监事会每年度至少召开一次会议，监事可以提议召开临时监事会会议。监事会的议事方式和表决程序，除本法有规定的外，由公司章程规定。监事会决议应当经半数以上监事通过。监事会应当对所议事项的决定做成会议记录，出席会议的监事应当在会议记录上签名。"从上述《公司法》的法条中可以发现，对于有限公司董事会和监事会，如果要采取通信表决的方式，那么首先就要在章程中进行约定，最好明确通信表决适用的情形。

第二，如何保证通信表决的参与方充分行使权利。这一点十分重要，因为非现场开会的方式对股东、董事和监事的权利行使其实是有比较大的影响的，最主要的影响是以通信方式行使表决权的股东、董事和监事无法在会议现场通过质询、讨论、提问等方式来获得有关议案的必要信息，同时由于文字表述的多样性，也会产生阅读者理解误区。这些都可能导致法律纠纷的产生，对相关决议的效力也会有不利的影响。为此，法务在办理通信表决时，必须就有关审议事项的相关信息、材料、背景资料进行充分披露。不但要在会议通知中详细列明拟审议事项的具体内容，还要增加相关参考文件，保证无法到场的董事和监事在投票之前能够充分掌握必要信息，同时也要设定答疑通道，最好通过邮件等方式回答投票人的相关疑问。

第三，谨慎采用通信表决。由于通信表决方式实际上并不利于保障股东和董事、监事充分行使权利和职权，也无法充分保障其知情权和监督权，所以建议法务谨慎采取此种方式。如果一家公司董事会半数以上的会议采用通信表决方式召开，并以董事联签方式通过多项涉及重大决策（如重大对外担保事项、变更审计或会计师事务所）的董事会决议，其董事可能会被认为没有履行勤勉尽职的义务。

（2）通信表决和传签的不同。传签是指有限公司的股东不现场召开会议，而通过书面方式签字确定决议，该种方法来源于以下《公司法》的相关规定，《公司法》第37条规定："股东会行使下列职权：（一）决定公司的经营方针和投资计划；（二）选举和更换非由职工代表担任的董事、监事，决定有关董事、监事的报酬事项；（三）审议批准董事会的报告；（四）审议批准监事会或者监事的报告；（五）审议批准公司的年度财务预算方案、决算方案；（六）审议批准公司的利润分配方案和弥补亏损方案；（七）对公司增加或者减少注册资本作出决议；（八）对发行公司债券作出决议；（九）对公司合并、分立、解散、清算或者变更公司形式作出决议；（十）修改公司章程；（十一）公司章程规定的其他职权。对前款所列事项股东以书面形式一致表示同意的，可以不召开股东会会议，直接作出决定，并由全体股东在决定文件上签名、盖章。"

通信表决和传签的共同点都在于不现场参加会议，而是采取书面或电子的方式来行使表决权，但是差异也是非常明显的，通信表决还是召开了现实会议的,仅是采取电话或视频等其他方式参与了会议,但是传签并没有召开现实会议,是通过文件传阅来表决。

2. 未按章程要求的时间提前通知股东参加会议,是否导致决议可撤销

在未按照章程要求的时间提前通知股东参加会议的情况下(以下简称未提前通知),股东一般有三种应对行为:没有发现问题,仍旧参加会议并进行表决;发现了问题,并拒绝参加会议,不表决;股东发现了问题,仍旧参加了会议,拒绝表决并告知公司由于会议通知瑕疵应该不决议并重新召开会议。

(1)法律依据。《公司法》第22条第2款规定,董事会的会议召集程序、表决方式违反法律、行政法规或者公司章程,或者决议内容违反公司章程的,股东会可以自决议作出之日起60日内,请求人民法院撤销。《公司法》第41条规定,召开股东会会议,应当于会议召开15日前通知全体股东;但是,公司章程另有规定或者全体股东另有约定的除外。《公司法》第102条规定,召开股东大会会议,应当将会议召开的时间、地点和审议的事项于会议召开20日前通知各股东;临时股东大会应当于会议召开15日前通知各股东;发行无记名股票的,应当于会议召开30日前公告会议召开的时间、地点和审议事项。《最高人民法院关于适用〈中华人民共和国公司法〉若干问题的规定(四)》第4条规定:"股东请求撤销股东会或者股东大会、董事会决议,符合民法典第八十五条、公司法第二十二条第二款规定的,人民法院应当予以支持,但会议召集程序或者表决方式仅有轻微瑕疵,且对决议未产生实质影响的,人民法院不予支持。"

(2)对决议效力的影响。股东会通知程序的要求是为了保证股

东在合理时间内提前知晓股东会会议的议案信息和召开信息，并有合理时间充分研究材料以作出表决决策。如果会议通知存在瑕疵，但股东并未提出异议，参加了会议并作出了表决，就说明该瑕疵未对股东的权利形成不利的实质性影响。

未提前通知导致决议可撤销的主要衡量因素是是否对股东权利造成不利的实质性影响，即是否实际妨碍股东公平参与公司意思表示形成以及获取相应的信息，是否导致股东无法表决、无法行使股东权利。

天津市高级人民法院〔2019〕津民申383号案件中，张某明和崔某艳为金锣公司股东，持股比例分别为20%和80%。2017年10月25日的股东会未通知股东张某明，2018年2月27日的股东会未提前通知股东张某明（2018年2月27日召开的股东会，张某明于2018年2月14日才收到通知）。导致股东张某明无法参加股东会，两次股东会决议均是由实际控制公司的股东单方作出，决议事项为公司债务危机解决方案。法院最后认定两次股东会召集程序、事项存在瑕疵，并实质上阻碍了股东张某明行使股东权利，应予撤销。

（3）对法务的启示。实务中因为通知瑕疵轻微并未影响股东行使权利，最终撤销诉讼或者法院不支持的案例也较多，读者可以自行检索法院的裁判思路，建议重点关注案例背景，以及关于"瑕疵轻微并未影响股东行使权利"的认定依据。法务在公司章程或其他文件中一定要锁定股东、董事和监事的通信地址，并明确此地址为股东会、董事会、监事会等通信地址。只要公司向上述地址发送了会议通知，就视为公司完成了会议通知义务。避免特定股东在与公司发生矛盾后采取躲避策略，对公司所有文件均不接受、不反馈，也不参加会议，事后却申请撤销会议决议。在会议召集过程中，务必按照章程的程序规定办理通知等程序性工作，如果实在是议案时间来不及，可以在该次会议召开同时，请各股东出具对提前通知义务的豁免同意函。

3. 未在会议通知中出现的议题，其表决是否有效

对这个问题的考虑思路是判断这个程序瑕疵是否会对股东或董事的表决权产生实质性的侵害，其表决结果是否会对公司利益造成侵害，是否会影响股东的合法权益，是否会对董事正确、忠实地履行其对公司的义务产生实质性的不利影响。

（1）法律依据。《公司法》对于股份公司的股东大会议题表决有明确规定，而对于有限公司并无明确规定。《公司法》第102条规定："召开股东大会会议，应当将会议召开的时间、地点和审议的事项于会议召开二十日前通知各股东；临时股东大会应当于会议召开十五日前通知各股东；发行无记名股票的，应当于会议召开三十日前公告会议召开的时间、地点和审议事项。单独或者合计持有公司百分之三以上股份的股东，可以在股东大会召开十日前提出临时提案并书面提交董事会；董事会应当在收到提案后二日内通知其他股东，并将该临时提案提交股东大会审议。临时提案的内容应当属于股东大会职权范围，并有明确议题和具体决议事项。股东大会不得对前两款通知中未列明的事项作出决议。无记名股票持有人出席股东大会会议的，应当于会议召开五日前至股东大会闭会时将股票交存于公司。"

（2）对决议的效力影响。法律对有限公司和股份公司作出不同规定的原因在于：有限责任公司人合性特征显著，股东与公司管理人员与其他股东本来就熟知，联系紧密，一般情况下无沟通障碍，股东对于会议内容和待决议内容存疑的可以直接询问或提出意

见。而股份公司的股东之间没有紧密关系，甚至相互不认识，很多股东并不参与公司经营，且股东人数众多，如无法提前通知待审议事项，无法保证全体股东平等地获取会议信息，不利于股东行使其权利。

司法实践中存在争议的情况的确是有限责任公司表决了未在通知中列明议案但仍表决的情况，处理思路是：一般会先审查公司章程中是否明确规定通知中必须列明会议议题，如果章程有明确规定，那么违反公司章程未将审议事项事先通知而作出的相应决议则存在被撤销的风险。反之，如果《公司法》及有限责任公司章程均未规定召集股东会应当事先通知股东审议的事项，会议上可以临时增加或减少相关议案并作出决议。此观点在上海市第二中级人民法院发布的《2013—2017年公司决议案件审判白皮书》中也有阐述。

（3）对法务的启示。完成一个效力无忧的会议需要关注方方面面的合规性，例如，进行股东会、董事会决议表决的人员要适格；通知内容要明确；会议材料要完备；会议流程要合规。而在制定章程时也建议对会议通知程序进行具体约定：在会议通知中待表决的议案是否应提供、提供到何种程度等；考虑到临时会议一般都为突发和紧急事项，所以对临时会议的提前通知时间的规定可以尽量宽松，放在5日或比较短的时间期，同时也可以规定，如果股东或董事都同意，可以豁免提前通知的时间。

（三）公司治理纠纷

公司股东在公司初创过程的"蜜月期"过后，由于商业视角、经营理念、公司管理和个人利益等各方面的差异，股东之间可能会产生争议甚至演化为纠纷或者诉讼案件。股东之间的纠纷在公司层面就表现为公司治理纠纷案件。下面针对常见的股权确权纠纷、罢免公司董事纠纷来谈谈法务的应对策略。

1. 股权确权纠纷

此种纠纷常见于股权代持，本部分仅讨论发生在有限公司的，并非禁止事项的股权代持情况。

（1）公司知晓的股权代持。在有限公司知晓股权代持的情况下，股东登记记录材料方面是会有差异的。例如，有限公司的章程和工商登记资料体现的股东为名义股东，公司决议文件中的股东为实际股东，出资证明书、股东名册、验资证明等也登记为实际股东。此种情况下建议股东会决议可以就此股权代持事项做一个特别决议，明确实际股东的身份，对股权归属作出明确界定。同时，要对股东会表决的有效性作出规定，排除名义股东的表决权，以防发生名义股东以自己未履行股东权利而质疑有限公司股东会效力的情况。

为防止名义股东与实际股东发生纠纷、诉讼导致公司决策和经营受到极大影响，公司应针对实际股东和名义股东发生重大冲突和诉讼等情况下的公司决议程序作出预先安排。例如，在股东会决议中约定如果名义股东和实际股东发生股权确权等纠纷的，公司股东会有权启动特殊的表决程序和表决权比例。在诉讼结案前，有限公司形成的股东会只要没有损害公司利益和股东利益，那么最后判决确定的股东必须对股东会决议进行追认。

对于因股权登记和股权实际归属不一致而带来的外部影响也建议作出预先安排。例如，甲公司和乙公司分别是丙公司的实际股东和名义股东，丙公司工商登记的股东为乙公司。而丁公司是乙公司的债权人，丁公司通过诉讼将乙公司持有的丙公司的股权进行了拍卖执行，后戊公司拍得了上述股权，要求丙公司做相应工商变更。

而甲公司不同意丙公司配合戊公司做工商变更,并起诉乙公司要求确认股权实际属于甲公司所有。对于丁公司而言,如果其是善意债权人,基于对丙公司工商登记的信赖,执行乙公司持有的丙公司的"股权",其行为是应予支持的,戊公司通过司法拍卖取得上述股权,更应该得到保障,而甲公司应另行向乙公司主张赔偿。但是作为丙公司可以预先约定在上述情况发生时,不承担配合实际股东甲公司保有股权的义务,免除公司对甲公司的配合义务。

(2)公司不知晓的股权代持。对于公司不知晓的股权代持,公司无法通过股东会决议等方式来对股东纠纷作出预防和安排,但可以在股东纠纷发生时,召集临时股东会,将名义股东和实际股东的纠纷进行通报,基于此种情况对股东会、董事会表决程序和方式作出调整,排除上述股权纠纷而给公司经营带来的不利影响。但如果名义股东名下的股权比例影响到有限公司修改章程的,那么上述处理方式就无法得到实现。

2. 罢免公司董事纠纷

通过董事会决议罢免公司董事在司法实践中并不是个案,由于董事实际上是公司经营的主要人员,因而往往是股东发生纠纷的主要争议焦点。

下面我们来看一则案例。

📝 基本案情

甲公司由五名股东组成,乙为自然人,以专利权出资,其他四家股东均为法人股东(丙公司、丁公司、戊公司和己公司),分别以土地厂房和现金出资。甲公司成立后由乙担任董事长并负责具体的运营，甲公司的董事会共有五名董事，除自然人乙外，由另外四名股东各推荐一名董事人选。后股东己公司在甲公司的经营过程中，发现股东自然人乙的妻子在甲公司之外设立了一家个人独资公司庚，庚公司的经营内容和销售产品和甲公司高度雷同，其产品的技术特征也完全符合自然人乙作为出资到甲公司的技术所转化产品的技术特征。鉴于此种情况，除自然人乙之外的四家法人股东对庚公司进行了一番调查，后均认为庚公司即自然人股东乙利用其妻子的名义设立的一家和甲公司存在直接业务竞争关系的公司，并且还发现这家庚公司的盈利情况居然要大大好于甲公司。为此，四家法人股东就此事进行了商议，一致作出了两个决定：第一，罢免自然人乙的董事长身份；第二，要求其将庚公司归并至甲公司，并对甲公司进行赔偿。

法律依据

《公司法》对公司董事的忠诚义务和违反忠诚义务的法律后果做了明确的约定。根据《公司法》第147~148条，董事应当遵守公司章程，忠实履行职务，维护公司利益，不得利用在公司的地位和职权为自己谋取私利。董事不得自营或者为他人经营与其所任职公司同类的营业或者从事损害本公司利益的活动。从事上述营业或者活动的，所得收入应当归公司所有。该法第149条规定，董事执行职务时违反法律、行政法规或者公司章程的规定，给公司造成损害的，应承担赔偿责任。

董事罢免方案

根据《公司法》和甲公司章程的相关规定，实施下述罢免方案。

1. 要求召集董事会

甲公司其他四名董事要求董事长乙召开临时董事会和临时股东会，讨论罢免乙的议案并选举新董事长及召开股东会讨论罢免乙董事职务的议案，后乙予以口头拒绝。

2. 举行临时董事会

《公司法》第47条规定："董事会会议由董事长召集和主持；董事长不能履行职务或者不履行职务的，由副董事长召集和主持；副董事长不能履行职务或者不履行职务的，由半数以上董事共同推举一名董事召集和主持。"甲公司临时董事会由副董事长进行召集和主持，董事长乙并没有参加董事会会议，但是其他四名董事作出了罢免乙董事长职务的表决。根据甲公司章程规定该表决发生罢免乙董事长职务的效力，并决议由副董事长担任董事长。上述董事会同时表决通过由董事会召集召开临时股东会，并由副董事长主持会议。

3. 召开临时股东会

召开临时股东会，并形成了股东会决议罢免自然人乙的董事职务并决议由新董事担任甲公司法定代表人，至此甲公司的董事会由四名董事组成。

4. 办理后续事项

甲公司随即办理了法定代表人的工商登记和银行、税务印鉴等变更登记手续，并用登报的方式就董事会成员和法定代表人变更做了公告。

在上述案例中，除自然人乙以外的四名股东按照《公司法》和公司章程的规定，用董事会决议和股东会决议的合法方式罢

> 免了甲公司法定代表人、董事长和董事身份，并结合诉讼的方式保护了自己的合法权利，自然人乙因不履行董事竞业禁止义务而受到了经济和声誉的双重损失。

公司治理的内容繁杂，本章仅仅讨论和介绍了冰山一角。公司治理的复杂程度很高，交杂了各方不同诉求、经营管理矛盾，法务要做好此项工作十分不易。但是和律师相比，法务长期处于公司生存环境中，可以更细致地接触公司运营过程中所有的公司治理问题、争议和解决方式，法务应该能比外部律师更加敏锐细致地发现问题、更加实务有效地解决问题，当然，在纠纷解决后还要及时归纳纠纷，完善章程和公司"三会"的相关召集、决策流程。在公司治理工作的办理过程中，建议法务站在标的公司立场上来考虑问题，在公司纠纷处理过程中，把握好公平合理的价值判断标准。

第五章 股权投资

目前的股权投资业务按照投资主体可以分为两类：第一类是以私募股权投资基金等为主体的股权投资业务，俗称私募股权投资，投资者是专门的投资机构，其本身并没有实业而是纯粹的持股平台，完全依靠股权退出后实现收益。第二类是以实体公司为主体的直接股权投资业务，这种投资业务，投资主体是自身具有实业经营或其他业态的实体公司，其投资目的可能是完善扩充产业链也可能是做新产业布局，其投资具有战略目的和产业需求，并不一味追求股权退出的收益，其投资方式十分多样，体现为重组、并购等多重形式。

本章具体讨论以实体公司为主体的直接股权投资业务，其亦可分为产业链上下游并购、对竞争对手的收购、新产业转型投资三种不同的情况。产业链上下游并购是指投资人基于自身的主业往产业链上下游寻找并购股权并加以收购的方式，这样有助于规模经营，形成集成优势。对竞争对手的收购也是实体公司收购的主要方式，这种方式最大的好处就是可以迅速扩大市场份额，形成规模经营,市场上此种方式的案例也比较多见。新产业转型投资是指投资人在其原产业基础上投资与自身实业存在差异的新型行业,有时候新产业仍与原实业属于同一行业大类,有时候则完全不属于同一个行业。将股权投资业务作出上述分类是因为在上述不同情况下的收购事项的商业目的、操作方式和法务工作要点都会有很大不同,可以说是"立场决定一切",也是为了方便下文区分情况来做分析和阐述。

一、商业模式的合法性

以实体公司为主体的直接投资项目,在投资完成后会介入标的公司的运营和管理。首先要判断整体投资项目所反映出来的商业模式是否具有合法性和合理性,主要可以从行业准入法律法规、针对不同被投资公司的法律法规和被投资公司的行政许可事项三部分来进行考量和审查。

(一)行业准入条件

法律法规对不同行业的准入门槛做了专门规定,法务要在投资前对这些行业准入规定做详细研究,并判断其对拟投资项目的影响和制约。主要的行业准入规定有《国民经济行业分类》《产业结构调整指导目录(2019年本)》《战略性新兴产业重点产品和服务指导目录》;涉及外商投资的行业准入规定主要有《外商投资产业指导目录(2017年修订)》;涉及专项行业准入的规定主要有《文化部文化产业投资指导目录》。除了上述全国性的行业准入规定,还有一些地域性的产业准入规定,如《深圳前海深港现代服务业合作区产业准入目录》。上述不同的行业准入规定在审批机关、审批程序和审批期限方面均不同。基于不同的行业，投资人可以出资的种类和组合方式也不同，例如，对于固定资产类投资项目，《国务院关于加强固定资产投资项目资本金管理的通知》（国发〔2019〕26号）规定了项目资本金与投资总金额的比例。法务对上述法律法规和政策要注意其中的限制性和禁止性的规定是否会对拟投资项目产生重大影响，不同的行业准入规定是否会对投资项目的具体方案造成影响，是否需要对方案进行调整。

（二）国有企业并购关注点

作为投资人的法务要根据被投资公司的不同性质，研究不同法律规定和程序要求，这对投资架构的设计和投资路径的设置都会有重大的影响。下文以并购国有企业为例来进行说明。并购标的公司为国有企业的，要强调投资过程中的合法性，避免因为程序瑕疵而带来的交易无效。国有资产相关法律法规作出种种实体和程序规定的用意是想通过这些程序避免国有资产的流失，避免国有产权被"暗箱操作"，避免职工利益受损。

1. 有关国有企业的主要法律法规

有关国有企业和国有资产的法律法规数量较多，除了国家层面的法律法规和政策外，各地政府国有资产监督管理委员会也出台了更加细化的地方性法规和操作细则。

主要的法律和行政法规为《公司法》《企业国有资产法》《企业国有资产交易监督管理办法》《金融企业国有资产转让管理办法》《企业国有资产评估管理暂行办法》《企业国有产权无偿划转管理暂行办法》等。

2. 国有资产审批程序

被投资的标的公司属于国有性质的，要关注国有资产审批的程序，以免投资并购行为存在重大的法律瑕疵。例如，要注意履行合适的国有资产监督管理委员会的审批程序，有些项目需要经过国有资产监督管理委员会审批，有些项目除了需要所属的国有资产监督管理委员会审批外还要经过同级人民政府审批。

此外，还要履行资产评估程序。严格按照《企业国有资产评估管理暂行办法》等细则对国有资产进行评估和备案，否则可能会导致投资并购法律效力的丧失。

国有股权的转让也需要履行公开竞价交易的过程，即必须在正式的产权交易中心挂牌，通过公开竞价产生交易对象。国有公司增资也同样需要通过公开征集产生增资者，价格也需要通过公开竞价、拍卖和招投标等方式定价。国有资产的转让价格有最低保护价，一般不能低于评估价格的90%。例如，拟增资一家国有公司的，即使在增资前双方已经对增资问题做了接洽和谈判，但是此时的投资人并不一定就会成为最后的增资主体，因为最后的增资者必须经过公开征集的方式产生，如果事先通过协议安排来约定增资主体和增资价格，这就很可能会被认定为"暗箱操作"，违反公开征集和竞价程序而被认定为无效。

如果因为转让企业国有产权而导致企业性质不再为国有控股的，转让方与受让方还要在签订产权转让合同前签订企业重组方案，特别是对原职工的优先安置方案等。

（三）被投资公司的行政许可事项

行政审批事项虽然不构成投资并购的交易内容，但是行政许可是项目启动的前提，如果不符合行政许可授予的基本要求，投资项目将无法落地。法务要根据投资项目的情况对行政许可事项进行关注，并且注意区分不同行政许可的审批方向：审查标的公司有无完成某种生产、经营的能力；审查标的公司的投资者、股东是否满足一定的资质。不同的审批重点都可能会影响投资方向和投资架构的搭建，例如，甲公司为一家环保设备制造公司，为了扩展业务，其拟与乙公司合作成立一家以生物降解为主要手段的工业污水处理公司丙。所涉及的有关行政许可的法律法规有《放射性污染防治法》《水污染防治法》《环境影响评价法》《规划环境影响评价条例》《建设项目环境影响评价分类管理名录》《危险废物经营许可证管理办法》《危险化学品安全管理条例》等。通过对法条内容的分析和法规要求的判断，来梳理项目完成所必须具备的行政许可前提和丙公司运营的法律环境和政策要求，进而对项目的可行性作出合理有效的判断，调整商务目的、预估相应成本。

二、最特殊的投资方式——破产重整

破产重整和破产清算具有重大差异，主要在于破产重整引入了新股东，使原破产企业避免了清算解散的结局，重新变为一家正常的公司，有些经过破产重整的企业再次实现了良好的运营及盈利能力。从破产企业来看，这是一次企业重生的机会；从投资人角度来看，是一种"抄底"的机会。破产重整是一种十分特殊的投资方式，而且这种方式一般只有实体企业才会运用，私募股权投资机构一般很少介入。近年来，市场通过破产重整"抄底"大型企业的案例比比皆是，也不乏在破产重整顺利完成后重新上市时股价出现较大涨幅的上市公司。例如，*ST凤凰经过破产重整变身为长航凤凰，并恢复上市。该公司停牌日收盘价和复牌日收盘价相比，涨幅很大。又如，*ST超日在2014年破产重整案前停牌收盘已近"地板价"，2015年8月，*ST超日更名为协鑫集成在深圳证券交易所恢复上市，其复牌日收盘价与停牌日收盘价相比涨幅惊人，后续几个交易日连续涨停，创造了涨幅奇迹。

下文笔者将讨论破产重整程序投资危机企业和投资并购一般正常企业相比所具有的独立特征及其特有的操作要点，本部分中所述的"投资""并购"和"收购"等事项，均特指投资人通过破产重整程序取得破产企业股权的方式，同时投资背景也设置在破产企业由破产管理人管理的情景之下。

（一）破产重整方式的特点

通过破产重整来收购破产企业的优势和弊端都很突出。其优点在于破产企业本身的低价，清晰明确的司法行为给投资人提供了很大的投资保障，破产企业有助于投资人扩大原产业规模、形成产业链的协同效应，破产重整的上市公司复牌后可能带来股价的增值。而其弊端则在于完成破产重整难度较高，虽然破产原因在表面上都是"资不抵债"，但是内在的真实原因往往十分复杂。破产企业所处的内外部环境一般更敏感：内部员工不稳定；外部债权人追债行动频繁，甚至还可能会暴力讨债。重组方不但是破产企业的投资人，更是破产企业的接盘人，除了要有能力做好各个利益方的协调工作，更重要的是必须有大量资金和市场资源使破产企业扭亏为盈。

1. 破产重整经过了司法程序，权利义务清晰

破产重整计划需要经过破产重整过程中的各利益方一致同意，

有权对重整计划草案进行表决的主体为各类债权的债权人（担保债权组、职工债权组、税款债权组、普通债权组）。重整计划就相当于是债权人、债务人、出资人（原股东）和作为重整方的投资人签订的一个大合同，各方对破产企业的重整事项作出各种安排，法院还会根据相关程序对破产重整计划作出审查并裁定批准。

上述"大合同"不但是各方利益博弈和反复协商一致的共同意思表现，更是法院司法裁量权的体现，重整计划的效力较一般的投资合同而言，经过了司法确定，对债权人、债务人、出资人和重整方的约束力更强，没有特殊情况，破产重整后再次发生的案件不得推翻破产重整计划的认定。

投资人依据法院裁定等司法文书，在办理工商变更、税务安排等工作方面也会更便捷。一般不会出现其他投资项目中遇到的股权转让协议签订完毕后，原股东不配合投资人办理股权变更的情况。

2. 破产重整享受"抄底"价格

破产重整时，所有债务一般都会按照一定比例予以清偿，可能是10%也可能是20%，清偿总额基本是投资人的出资额，即破产重整中投资人要支付的对价一般为总债务金额和清偿率的乘积，区别于一般投资项目中对价为股权对应的净资产价值基础上的溢价增值。

一些破产重整中的资产评估方法为清算法。根据会计准则，清算法是指在评估对象处于被迫出售、快速变现等非正常市场条件下的价值估计方法，就是俗称的"处理价"，这也会降低资产价格。普通投资项目中采用的资产评估方法为市场法、重置成本法或收益现值法，市场法和重置成本法基本和资产实价相差不大，但是也不会存在较大折扣，而收益现值法就会体现资产一定程度的溢价。

3. 破产重整可以最大限度地避免未知的或有债务

基于债权申报等司法流程，破产企业的或有债务得到了较大程度的曝光和处置，债权债务的梳理更清晰，可以大大降低未知或有债务存在的风险。破产重整程序中，法律明确要求债权人应当在确定的债权申报期限内向管理人申报债权，无论是尚未到期的债权还是效力待定的债权，抑或附期限、附条件的债权和担保债权。一般情况下，债权人都会积极完成申报，因为不及时申报的法律后果会影响债权人行使正常债权人权利，还要自行承担迟延申报的额外费用。管理人也会聘请审计机构进行破产企业进行审计，不但对债务人财务状况进行全面摸底，还会对申报债权的真实性、合法性进行判断。因此，破产重整中的或有债务，会直接被显化，可以有效避免投资人承担未知或有债务的风险。同时，即使出现了破产重整完毕后才申报的债权人，对投资人影响也不是很大，因为这些债权人也要接受同样的清偿率。

普通投资项目中，受让股权对于受让人而言，最大的风险是存在未知的或有债务，既没有在会计账簿中体现出来，也没有被告知，例如，没有入账的担保债务、尚未被合同对方追究的违约责任以及未入账的借款等。投资人在尽职调查时往往无法根据现有公司资料发现、核查和评估这些债务的金额和影响，但是股权转让后，投资人所投资的标的公司仍是债务主体，投资人也成了债务人。

4. 尽职调查更彻底，信息更对称

普通投资项目中，投资人会聘请会计师事务所、律师事务所的专业人员和自身商务人员对标的公司开展尽职调查来排除投资人和标的公司之间的消息不对称，发掘风险并规避风险。在破产重整程序中，因为管理人的存在，对破产企业的尽职调查工作会比一般

项目中完成得更好。普通投资项目在尽职调查时标的公司可能不一定配合投资人的尽职调查工作，还存在夸大利好，规避风险的可能性。在破产重整中，由于管理人法定职责的需要，其调查可以更深入、更详尽。投资人要进行进一步的尽职调查时可以和管理人做充分沟通，较轻松地取得破产企业资料。管理人工作组有时会有一部分由政府人员兼任，所以在投资人调查破产企业与当地行政主管部门有关情况时，也可以借助管理人的力量，更大限度地保证尽职调查的完整性和准确性。

5. 破产重整也是企业整合

《企业破产法》规定重整计划草案应当包括债务人的经营方案、债权调整方案、重整计划的执行期限等核心内容，所以投资人可以顺势作出企业整合方案，即制定具体的经营方案、义务剥离方案、资产处置方案、劳动关系保留方案等，达到业务剥离、资产变现、经营调整、人员分流等企业整合目的。重整计划执行力很强，在重整计划中作出预先设计和安排可以使投资人抢到企业整合的先机。

（二）适格的破产重整投资人

并不是所有投资人都适合通过破产重整"捡漏"，特别是体量庞大的破产重整项目，往往最后报名的意向投资人不多于五家，投资人一般需要符合以下条件才能参与其中。

1. 雄厚的资金实力

破产重整计划由管理人负责提交，但是会参考投资人的投资预案。重整计划想得到通过就必须要使各方都对其中的清偿率满意。清偿率一般也是投资人所应支付的股权对价的最主要部分。目前采取公开招募投资人的方式来确定投资人和对价，投资人提供的报价很低不利于拿下破产企业,但是如果报价比较有竞争力,那么对投资人的资本实力又是一个挑战,因为这些对价基本都要在短期内集中支付。

除了上述清偿费用之外,投资人还要测算恢复生产和经营需要投入的资金数量,很多企业破产的主要因素就是现金流的断裂,所以在重组完成后,投资人仍需要投入大量资金以改善经营现状。投资人在进行破产重整时要计算的资金支出不但包括破产重组的清偿费用还包括经营费用、设备改造费用、恢复生产费用等资金,毕竟破产重组的企业在重组完成的近期内很难取得银行的信贷资金支持。

2. 高超的谈判能力

普通投资项目的谈判建立在双赢的基础上,投资人和原股东基本目标一致,参与谈判的原股东和公司团队的人数也不会太多,谈判难度远低于重整计划的谈判过程。

在破产重组中,重整计划的通过往往要以债权人和出资人(原股东)承担债权打折、出资亏损等牺牲为代价,需要重整方善于沟通以说服债权人和出资人(原股东)认可重整方案。

重整的复杂性还在于投资人要和数量众多的债权人谈判,不同债权人基于其债权大小和自身情况有着各自不同的诉求和接受底线,其谈判难度可想而知。重整计划草案公布后还可能遭到一些债权人的强烈反对,这些异议债权人也会影响其他债权人对于重整计划的态度。

投资人还需要和管理人做密切沟通,说服管理人相信投资人具有提高普通债权清偿率、有效地完成破产重整工作、妥善进行后期企业经营的能力。

3. 强大的项目实施能力

破产重整项目时间短、企业情况复杂、利益相关方多,更需要投资人具有较强的项目实施能力。

(1)快速的尽职调查能力。投资人要决策是否参与重整,至少要对破产企业的债权债务、资产、员工、产能等关键要素有明确的认知,但是难度在于破产企业的上述情况往往十分复杂。首先,债权人数量往往很大,债权性质也各有不同。破产企业中经常会出现银行债权人众多的情况,抵押、质押财产状态不明,供应商等债权人较多,债权情况复杂,这些都给投资人判定债务规模造成了不利影响。其次,大型企业的破产重整更是涉及子公司和境外分支机构众多,子公司的财务和资产情况难以摸底,影响投资人的判断。最后,破产企业的财务状况很可能已经陷入困境若干年,其内部管理也已处于一段时间的混乱状态,企业情况恶化的同时员工不断离职,使破产企业的资料不齐全,工作交接不清楚,这些因素都会使投资人在尽职调查过程中碰到很多障碍。

在一些大型企业破产重组的案件中,需要聘请超过数百名的律师、会计师、审计师、评估师参加工作,其复杂程度可见一斑,所以作为重整方的投资人必须要具有突出的尽职调查能力才能完成破产重整的前期尽职调查和梳理工作。

(2)出具有说服力的投资预案。在公开招募投资人初期,管理人会要求投资人提供投资意向书和投资预案,投资预案应当包括资金来源、出资人权益调整、债权调整、债权清偿及后续经营方案等。

投资预案对投资人公开招募过程中能否取得胜利有很大影响;投资人要对破产企业的复杂情况进行掌握,结合战略规划作出决策，及时制定包含关键内容的投资预案，还要考虑其他竞争对手的预案可能性。

重整计划的提交最长时间不得超过九个月，即《企业破产法》规定的管理人应当自法院裁定债务人重整之日起六个月内，同时向法院和债权人会议提交重整计划草案。如有正当理由，经管理人请求，法院可以裁定延期三个月。所以留给投资人与管理人接洽，尽职调查，与管理人、主要债权人谈判，制定预案的工作时间可能只有四五个月，这对于投资人的决策、管理和项目实施能力有着很高的要求。

4. 后续的经营能力

投资人的实际经营能力，特别是破产重整后立即可实行的经营方案是破产重整是否成功的决定性要素。破产重整从当地政府和破产企业本身来看，其目的是通过破产重整使企业脱离"资不抵债"的困境，使破产企业在减免部分债务后实现恢复生产和经营，只有这样才能将破产企业原来已经产生的不利社会影响降到最低。作为重整方的投资人其投入资金进行破产重整也是为了并购一个有实际盈利能力的企业从而扩充投资人实体企业的产能和规模，从而实现投资回报。投资预案中后期的破产企业改善经营方案、盈利方案是很重要的内容，同时这些针对破产企业的经营方案必须体现在重整计划中，所以预先对破产企业的经营方案和发展战略进行设计是投资人的必修课。

在后续经营中，经营一家破产重整的企业难度很大，最重要的是破产重整企业的信誉基本无存，无论是供应商还是银行等融资方都不会愿意再给予资金方面的优惠和支持，这对于投资者是一个很大的挑战；同时如何找到破产企业的痛点，重新对接市场也是投资者需要面临的难点；此外，破产企业往往还面临人才流失、管理混乱的局面需要投资人破解。可见，如果投资人没有很强的实际经营能力和市场、人才的储备很难真正实现破产企业的重生。

（三）破产重整投资并购的操作要点

破产重整的投资方式具有特殊性，既要在《企业破产法》的框架下运作，又要和投资者的长期规划和战略方案相适应，下文从实际操作角度来讨论投资人如何成功地完成破产重整。

1. 获得破产重整资讯

除了从行业内得知破产重整的信息外，投资人须关注管理人发布的破产重整投资人招募信息。例如，查看最高人民法院主办的"全国企业破产重整案件信息网"，该网站中"债务人信息"栏目详细介绍了破产企业的情况；"公开案件"栏目登载了阶段性的法律文件；"公开公告"栏目有大量招募投资人的信息，有的是预重整公告，有的是招募公告，同时还提供了联系电话和方案截止日期。各地中级人民法院的门户网站上也有类似的破产信息。

2. 判断项目价值

破产重整的最初披露信息一般比较简练，帮助投资人做决策的有效信息不多。实践中，一般在投资意向人招募的时候，管理人会提供较为详尽的材料，但是不一定会包括审计报告等重要资料。投资人通过材料分析，要判断破产企业的债务总规模和破产企业的财务情况和相关估值，通过对管理人提供的破产企业基本情况报告来判断破产企业人员、产能、原市场地位、破产原因和重大诉讼等情况。最终是为了使投资人可以基于这些数据来完成是否投资的决策和投资预案的制作。

后期在派驻尽职调查团队开展尽职调查时要围绕项目的价值判断来做工作。项目的价值取决于破产重整企业本身是否具有优质资产；是否可以恢复市场份额、破产真实原因为何、复产的现金流缺口为多少、是否具有核心技术、是否和投资人的战略相符合。总之，结合破产重整企业的种种情况来判断其是否具有未来的市场竞争力。

3. 竞争重整方资格

到管理人遴选投资人的时候，基本上竞争格局已经比较清晰，几方竞争者都已经浮出水面。这个阶段最重要的工作是制作投资意向书或者重整意向书，竞争成为最后的重整方。

（1）关注对投资人的要求。意向投资人的基本条件一般都比较原则，例如，"具有较高社会责任感和良好的商业信誉；拥有足够的资金实力进行重整投资；拥有与破产企业经营范围相适应的生产经营和管理能力；两个或两个以上的投资人可联合参与本次重整投资人招募活动"等。但是具体的条件往往是对投资人未来资本安排的要求，投资人要判断是否可以做到。例如，对投资人整体实力的要求，既往经营业绩、诚信经营、行业资质、否决事项等；对投资人财务情况的要求，资金来源、财务数据指标；对破产企业的适合性，投资人具有的独特技术、对重整的优势；对破产企业未来资产出售、股权出售的限制等。

（2）打造投资预案或重整意向书。要着重确定投资人参与的决心、资金安排、清偿债务计划、重整后经营设想、员工安置方案、投资人拟委派管理团队情况等，具体可参照以下内容：

①对投资人的情况介绍。主要介绍投资人主体资格、股权结构、历史沿革、经营范围等。如为不同投资人组成联合体的，就需

要分别提供前述内容，并明确不同投资人在重整中的不同定位、分工、权利义务、职责，哪些投资人是牵头人，不同投资人之间的关系，是否存在关联关系、是否为一致行动人等。

②投资人重整能力的说明。尤其要说明的是投资人自身的财务状况和资金实力、本次参与重整计划的资金来源、与破产企业行业的产业关联性、投资人以往整合收购企业的经验等。如由不同投资人组成联合体的，那么同样需要各不同投资人同时提供上述材料。

③初步重整计划描述。这一部分是最重要的核心内容，可以体现与其他意向投资人的差异。主要描述资金投入的初步计划，偿还债务的基本方案设想，重整完成后拟进行的未来经营模式和初步规划等。方案难点在于设计破产企业的经营方案和设定清偿率这两部分。

④附件和保证金。附件资料主要是投资人相关注册资料、财务及资金状况的证明材料、管理人要求出具的承诺函原件等。在提交上述方案的同时，投资人还要按照管理人要求提交保证金。

（3）管理人的尽职调查。这个阶段投资人还要接受管理人对其进行尽职调查，管理人对投资人行业背景、资产情况、负债情况、核心竞争力、信用等级和对重整项目的贡献等方面进行调查，排除存在重大瑕疵或不符合招募基本条件的投资人。

4. 重整谈判

投资人在签订保密协议、缴纳保证金并签订意向协议后，就进入了实质性的谈判过程，投资人会和管理人进行好几轮的谈判，详细的尽职调查过程也会在这个阶段开展。

（1）投资人的双方会谈。投资人是否可以就地开价，要看破产重整本身的项目情况。如果拟重整企业并不抢手，投资人还是可以和管理人提提要求的，例如，要求给予价格折扣、要求给予税收等政策支持、分期支付重整资金或部分非现金支付方式、要求管理人提前完成劳动关系处置、要求管理人协调银行续贷等。

（2）管理人的多方谈判。投资人的谈判对象基本为管理人，而管理人会应对更多方的沟通。一方面，管理人要和不同的投资人沟通，判断不同投资人的真实实力，比较不同投资人的方案利弊；另一方面，要征求主要债权人的意见，召开债权人会议反馈信息，求得共识。仅债权人就要沟通到担保债权人、小额债权人、大额债权人、职工、税务债权人和银行债权人等。重整谈判中所涉及的行政和司法决策事项，还需要向法院、政府通报，以求解决问题，促进重整。

5. 确定投资人和重整计划

管理人会组织债权人、政府代表等形成投资人评定小组，根据提前确定的评选规则，确定最后的投资人人选，投资人超过两家的，会采取公开竞标的方式。投资人确定后，管理人制定重整计划草案，并要求投资人书面确定。投资人在确定重整计划草案前会进行内部评估，主要确定重整计划草案的合理性和可执行性。重整计划草案在投资人确定后，其有关投资人的权利义务会演化为管理人和投资人签订的重整协议。重整协议签订后，重整计划草案需要债权人会议进行表决。如果全部通过的，管理人向法院申请批准重整计划草案；如果有债权人会议部分表决组未通过重整计划草案的，那么管理人可以申请法院强行批准通过并自批准之日起执行重整计划。读者可参见联建（中国）科技有限公司破产重整案件。

重整计划草案一般包括以下核心内容：第一，破产企业的资产和负债情况。第二，普通债权的偿债能力分析，主要是优先支付破产费用、职工债权、税款债权、担保债权以后普通债权人可以获得的清偿比例。第三，出资人（原股东）权益调整方案，一般是由原股东将一定比例的股权有偿转让给重整方，原股东将一定比例股权无偿出让用于清偿债务等。第四，债权分类和调整方案，主要是对于担保债权、职工债权、其他社保债权、税款债权、普通债权作出金额统计和清偿安排。第五，债权受偿方案，主要是各类债权的清偿期限和方式，偿债资金来源和未申报债权和未决债权的清偿。第六，破产企业重整经营方案，包括资产注入计划、产能提升计划、流动资金支持计划、经营水平提升计划。第七，重整计划实施期限和监督期限。第八，其他执行方案，包括重整费用支付、抵押手续解除等。

6. 执行重整计划

重整计划草案获得法院批准后，就正式进入了重整计划执行阶段，由破产企业执行，实际上是由投资人执行。投资人应履行重整计划中所规定的资金支付义务，并完成对债权人的清偿和原承诺的资产注入和业务调整承诺。在重整计划的执行过程中，管理人仍负有监督的职责。如果破产企业不能执行或者不执行重整计划的，管理人或者利害关系人可以向法院申请裁定终止重整计划的执行，并宣告破产。

7. 正常经营

在上述步骤全部完毕后，管理人退出，破产企业成为正常运营的新公司，投资人仍会面临人员离职、信誉丧失、产能恢复困难等局面。其中，融资问题更为突出，新公司从破产企业脱胎而来，信誉降到最低，金融机构和民间资本往往仍把新公司作为一家破产企业、高危企业看待，这就需要投资人具有强大的并购后整合能力。